V13

Emmanuel Carrère

V13

Crónica judicial

Posfacio de Grégoire Leménager

Traducción de Jaime Zulaika

EDITORIAL ANAGRAMA
BARCELONA

Título de la edición original:
V13. Chronique judiciaire

Ilustración: «Mujer con velo», Giovanni Battista Lombardi. Donación de Robert L. Isaacson al Museo Metropolitano de Arte de Nueva York, 1984

Primera edición en «Panorama de narrativas»: abril 2023
Primera edición en «Compactos»: enero 2026

Diseño de la colección: Julio Vivas y Estudio A

ISBN: 978-84-339-4873-1
Depósito legal: B. 16754-2025

Printed in Spain

Liberdúplex, S. L. U., ctra. BV 2249, km 7,4 - Polígono Torrentfondo
08791 Sant Llorenç d'Hortons

Las víctimas

EL PRIMER DÍA

El retorno

8 de septiembre de 2021, a mediodía. Île de la Cité, con una fuerte protección policial. Somos varios cientos los que cruzamos por primera vez estos detectores de metales que franquearemos todos los días durante un año. Hay muchas probabilidades de que a ese policía al que saludamos le demos los buenos días con frecuencia. Las caras de esos abogados con su credencial con cordón negro, las de esos periodistas con el cordón naranja o las de las víctimas con el verde o rojo se volverán familiares. Algunos van a convertirse en amigos: el grupito de gente con el que vamos a hacer la travesía, a intercambiar notas e impresiones, a turnarnos cuando la jornada sea demasiado larga o a ir a tomar un trago, tarde, en la *brasserie* Les Deux Palais cuando haya sido excesivamente fatigosa. La pregunta que nos hacemos todos: ¿vas a venir todo el tiempo? ¿A menudo? ¿Cómo te organizas el resto de la vida? ¿La familia? ¿Los hijos? Sabemos ya que algunos solo vendrán de vez en cuando, los días previsiblemente más intensos. Otros han prometido venir todos los días, vivir tanto los momentos álgidos como los bajos. Yo soy uno de ellos. ¿Aguantaré el desafío?

El programa

A finales de julio se supo que el juicio no durará seis meses, sino nueve. Un año escolar, un embarazo. El programa no cambia: varía el tiempo que se les concede a las víctimas. Son alrededor de mil ochocientas. No se sabe todavía cuántas testificarán. Hasta el último minuto podrán sumarse o renunciar. Por término medio se les asigna una media hora a cada una, pero ¿qué magistrado se atreverá a decirle «Su turno ha concluido» a quien rebusque las palabras con que narrar el infierno del Bataclan? La media hora será quizá una hora, los seis meses se están convirtiendo en un año, y yo no debo de ser el único que hoy se pregunta por qué se dispone a pasar un año de su vida encerrado en una sala de audiencia gigantesca con una mascarilla en la cara cinco días por semana y levantándose al amanecer para pasar a limpio las notas de la víspera antes de que se vuelvan ilegibles, lo que claramente significa no pensar en nada más y no tener más vida durante ese año. ¿Por qué? ¿Por qué me he impuesto esto? ¿Por qué le he propuesto a *L'Obs* esta crónica de largo recorrido? Si yo fuese abogado, o cualquier otro actor en el gran mecanismo de la justicia, estaría ejerciendo mi oficio, por supuesto. También si fuera periodista. Pero soy un escritor al que nadie le ha pedido nada y que, como dicen los psicoanalistas, solo persigue satisfacer su deseo. Y vaya deseo. No me alcanzaron personalmente los atentados, no los sufrió nadie de mi entorno. En cambio, me interesa la justicia. He descrito en un libro la impresionante solemnidad de una sala de lo penal, y en otro el oscuro trabajo de un juzgado de lo civil. El juicio que se inicia hoy no será, como se dice a veces, el Núremberg del terrorismo; en Núremberg juzgaron a altos dignatarios nazis, aquí se juzgará a segundones, ya que los que mataron han muerto. Pero también será un gran acontecimiento, algo inédito que quiero presenciar: primer motivo.

Otro es que, sin ser un especialista en el islam, y menos aún un arabista, me interesan asimismo las religiones, sus mutaciones patológicas, y este interrogante: ¿dónde empieza la patología? Cuando se trata de Dios, ¿dónde empieza la locura? ¿Qué tiene en la cabeza esta gente? Pero el motivo principal no es ese. El motivo principal es que centenares de seres humanos que tienen en común haber vivido la noche del 13 de noviembre de 2015, haber sobrevivido a ella o haber sobrevivido a sus seres queridos, van a comparecer ante nosotros y a tomar la palabra. Día tras día vamos a escuchar experiencias extremas de muerte y de vida, y pienso que, entre el momento en que entremos en esta sala de audiencia y el momento en que salgamos, algo habrá cambiado en todos nosotros. No sabemos lo que nos espera, no sabemos lo que ocurrirá. Allá vamos.

La caja

Se ha repetido muchas veces que este sería el juicio del siglo, un juicio para la historia, un juicio ejemplar. Se ha sopesado qué marco estaría a la altura de este gigantesco anuncio publicitario para la justicia. ¿El nuevo juzgado, inaugurado hace tres años en la porte de Clichy, en la zona más al norte de París? Demasiado moderno, demasiado a trasmano. ¿Un gimnasio? No lo bastante solemne. ¿Una sala de espectáculos? De mal gusto, después del Bataclan. Al final eligieron el venerable palacio de justicia de l'île de la Cité, entre la Sainte-Chapelle, construida por el rey San Luis, y el quai des Orfèvres, donde merodea la sombra del comisario Maigret, y, como ninguna de sus dependencias era lo bastante grande, construyeron en la sala de espera esta caja de contrachapado blanco, de cuarenta y cinco metros de largo y quince de ancho, sin una sola ventana, que puede acoger a seiscientas personas y ha costado al Estado siete millones de euros. Como no hay suficiente sitio para que todo el mundo entre el primer día, se ha sorteado qué periodistas serán admitidos. Los de *L'Obs* somos tres: Violette Lazard y Mathieu Delahousse, que seguirán el juicio para la web del periódico, al ritmo febril del diario, y yo, que lo sigo al cómodo ritmo del magacín. Siete mil ochocientos caracteres semanales entregados el lunes y publicados el martes, a la vieja usanza. Confiamos en complementarnos. Violette y Mathieu son miembros destacados de la prensa judicial –ellos la llaman «la prensa judi»–, un gremio unido y cordial en el que abundan las personalidades fuertes; ya he tratado con ellos y me alegra volverlos a ver. Me tranquiliza su compañía, y reciben como buenos camaradas al novato que les ponen a su cargo. Del sombrero sale una plaza para *L'Obs* y me la dan como regalo de bienvenida. Me apretujo entre el enviado especial del *New York Times* y el de Radio Classique. Qué locura que la Classique también envíe a alguien. Aun así, Violette y Mathieu me han avisado: la cosa se calmará pronto. Los equipos de televisión que brincan de impaciencia porque está prohibido filmar dentro de la sala van a recoger su material, el enviado especial de Radio Classique volverá a sus sinfonías y solo quedarán los auténticos, los especialistas del crimen y el terrorismo; ellos lo llaman «el terror». Nuestros bancos son muy incómodos, angulosos, sin el menor tapizado. No hay pupitre ni repisa: nos decimos que va a ser penoso escribir durante meses y meses directamente en el ordenador o, como yo, en un cuaderno, tomando notas sobre las rodillas y cambiando continuamente de postura para estar lo menos mal posible. Y además estamos lejos. Lejos de ese escenario teatral que es la sala de audiencias, tan lejos que lo veremos sobre todo por las pantallas por las que se va a retransmitir. A decir verdad, es como si siguiéramos el juicio por televisión. Las 12.25, estremecimiento general. Custodiados por una nutrida escolta policial, los acusados entran en la sala. Ya no se ve el reflejo del cristal, ni a ellos detrás de ese reflejo. Nos levantamos, estiramos el cuello, nos preguntamos: ¿ha venido él? Sí, ha venido. Ahí está Salah Abdeslam. Es él, ese tío con un polo negro, el más alejado de nosotros, el único miembro superviviente del comando. Si está al fondo del banquillo no es porque lo hayan colocado ahí adrede para que no se le vea, sino debido al orden alfabético. Es el primero de una larga serie de aes: Abdeslam, Abrini, Amri, Attou, Ayari. Un timbre estridente. Una voz anuncia: «El tribunal». Todo el mundo se levanta, como en misa. El presidente y sus cuatro asesoras hacen su entrada y ocupan su lugar. Con un leve acento marsellés, el presidente dice: «Siéntense, por favor, se abre la audiencia». Ha comenzado.

EN EL BANQUILLO

El llamamiento

En los juicios penales, la justicia la imparte un jurado popular formado por ciudadanos elegidos por sorteo. En los casos de terrorismo, el tribunal lo componen, por miedo a las represalias, magistrados profesionales para quienes esto forma parte de los gajes del oficio. Así pues, en torno al presidente hay cuatro magistrados, o más bien magistradas. Nos habituaremos, pero el efecto es extraño. Se debe a que la justicia es una profesión a la vez machista y mayoritariamente femenina, lo cual va aparejado al hecho de que cada vez está peor pagada. Dicen que el juicio a *Charlie Hebdo*, el pasado enero, salió mal porque el presidente no tenía autoridad, y que por eso han escogido a Jean-Louis Périès, un juez cercano a la jubilación, sólido, astuto, cuyo abuelo fue secretario judicial en el tribunal de Foix, en Ariège, y cuyo padre fue juez de instrucción del caso Dominici, la tragedia rural que en los años cincuenta constituyó uno de los casos más famosos de la crónica de sucesos de Francia. Périès, de hecho, tiene aspecto de campesino. O de profesor de instituto chapado a la antigua, severo a primera vista pero en el fondo buena persona. Lo primero que hace es el llamamiento. De los veinte acusados del juicio comparecen catorce, y once están en el banquillo. Parece algo complicado, pero he pasado el verano desmenuzando un documento llamado auto de procesamiento, que resume en 378 páginas un sumario cuyos 542 tomos apilados alcanzan, al parecer, 53 metros de altura, y por eso no estoy demasiado despistado. Los nueve miembros del comando que mataron a 130 personas en el Stade de France, en el Bataclan y en las terrazas del este de París están todos muertos. La acción de la justicia se ha extinguido para ellos. Otros seis no se han presentado a la convocatoria del tribunal, y además, lamenta el presidente, «sin excusa válida» (podrían tener una, la de que también están muertos, pero, como no existe certeza absoluta al respecto, siguen estando acusados). De los catorce que quedan, tres comparecen en libertad porque los cargos contra ellos son más leves, pero están obligados a acudir todos los días y a permanecer sentados delante del banquillo. Los once restantes son cómplices de los atentados en grados diversos: algunos están implicados hasta el cuello, la implicación de otros es discutible. He confeccionado la breve ficha siguiente.

La lista de acusados

SALAH ABDESLAM, la estrella del juicio. Nativo de Molenbeek, un barrio de Bruselas conocido por ser la guarida de los musulmanes radicalizados; hermano menor de Brahim Abdeslam, que se hizo saltar por los aires en el Comptoir Voltaire, tenía que hacer lo mismo que él y no se sabe si su cinturón explosivo no funcionó o si desistió de accionarlo en el último minuto. Solo él puede decirlo. ¿Lo hará?

MOHAMED ABRINI, amigo de la infancia de Salah Abdeslam, también oriundo de Molenbeek, aparece siempre a su lado en los preparativos logísticos. Forma parte de lo que él mismo ha llamado «el convoy de la muerte»: los tres automóviles, Seat, Polo y Clio, a bordo de los cuales los diez miembros del comando viajaron de Charleroi a París el 12 de noviembre.

OSAMA KRAYEM, de nacionalidad sueca, llegado de Siria a finales del verano de 2015 para participar en atentados en París y Bruselas. Combatiente curtido, se le considera el miembro más importante del Estado Islámico presente en el banquillo.

SOFIEN AYARI, mismo perfil que Osama Krayem. Llegó con él de Siria y fue detenido con Salah Abdeslam el 18 de marzo de 2016. Como dispararon contra policías, ya ha sido condenado en Bélgica a veinte años de reclusión y allí será juzgado de nuevo en el proceso por los atentados que causaron 32 muertos y 340 heridos en el metro y el aeropuerto de Bruselas el 22 de marzo de 2016. De un modo general, el juicio por los atentados de París y el de los atentados de Bruselas, que se celebrará en el otoño de 2022, se solapan. Varios acusados de París que están acusados también en Bruselas encadenarán un juicio con el otro.

MOHAMED BAKKALI, encargado de la logística, se ocupaba en especial de alquilar los pisos francos en Bruselas. En el verano de 2015 participó en un atentado –frustrado– a bordo del tren Thalys, que le valió, también a él, una condena de veinticinco años de cárcel en Bélgica.

ADEL HADDADI y MOHAMED USMAN partieron los dos de Siria en el verano de 2015, junto con los dos iraquíes que se explosionaron en el Stade de France. Combatientes a su vez del Estado Islámico, tenían que haber participado en los atentados, pero fueron detenidos durante su viaje y encarcelados en Viena.

En diversos grados, puede considerarse que los siguientes son meros comparsas. La fiscalía intentará establecer que han colaborado en los atentados con conocimiento de causa. Sus abogados dirán que no sabían lo que hacían y que merecen penas más leves o la absolución.

YASSINE ATTAR aparece en una serie de mensajes encontrados en un ordenador que centraliza los proyectos del comando. Es hermano de Oussama Attar, supuestamente muerto en Siria y presunto cerebro de los atentados. No se cansa de repetir que Oussama es Oussama y Yassine es Yassine, y que él no tiene nada que ver con los hechos.

ALI EL HADDAD ASUFI habría ayudado en la adquisición de armas. Una participación bastante borrosa.

FARID KHARKHACH facilitó documentos falsos. Admite que es un falsificador, pero no un terrorista: jura que no sabía con qué colaboraba.

MOHAMED AMRI, HAMZA ATTOU y ALI OULKADI son los tres amigos de Molenbeek que participaron en la repatriación de Salah Abdeslam, de París a Bruselas, la noche del 13 al 14 de noviembre. También se acusa a Mohamed Amri de haber alquilado coches con Abdeslam antes de los atentados: por eso está en el banquillo, mientras que los otros dos comparecen en libertad.

A ABDELLAH CHOUAA, por último, se lo acusa de contactos sospechosos con Mohamed Abrini durante un viaje que hizo este último a Siria en el verano de 2015. También comparece en libertad.

Una cuestión de nombres

Me ha intrigado un detalle en las biografías que figuran en el auto de procesamiento. Los soldados de la yihad adoptan nombres de guerra llamados *kunya*. El nombre empieza por «Abu», que quiere decir padre, y termina por «Al» y algo más, según el origen de quien lo usa. Por ejemplo, Abu Bakr al-Baghdadi, el jefe del Estado Islámico, se hacía llamar así porque era oriundo de Bagdad, y también porque Abu Bakr fue uno de los primeros compañeros del Profeta. Con arreglo a este modelo de prestigio, un joven yihadista normando, de nombre y apellido francés de pura cepa, pudo autobautizarse Abu Siyad Al-Normandi. Cuatro de los nueve miembros de los comandos del 13 de noviembre eran belgas: de ahí que se hicieran llamar Al-Belgiki. Tres eran franceses: Al-Faransi. Dos iraquíes: Al-Iraki. Si excluimos a los catorce que van a ser juzgados, ya no encontramos ninguno de estos nombres de guerra, únicamente vulgares nombres cotidianos. Algunos tienen apodos, lo que es totalmente distinto. Por ejemplo, Ahmed Dahmani, apodado «Gégé» o «Prothèse» (Prótesis); Mohamed Abrini, apodado «Brink's» o «Brioche». ¿En qué momento unos se otorgaron o recibieron nombres de paladines de la yihad que debían de ser de gran valía para ellos? ¿En qué momento otros se abstuvieron prudentemente de reivindicarlos? ¿Estaba claro, era explícito, que era a costa de su vida como adquirían el derecho a utilizarlos? ¿Y qué pensar del único que se ha quedado sin resolver, en la frontera de los dos grupos? A diferencia de los comparsas que lo rodean en el banquillo, Salah Abdeslam tenía que matar y debían matarlo. No mató. Y como para resaltar ese estatus indeciso, él también tiene un alias, pero truncado: Abu Abderrahman a secas. Sin partícula, sin un título de nobleza asesina: Abu Abderrahman Al-nada de nada.

Eventual

A lo largo de los seis años que ha durado la instrucción, Salah se ha negado a hablar y constituye la gran intriga de este primer día: ¿va a persistir en su silencio? Si fuera así, el juicio perdería interés. Hacemos apuestas, la mayoría de mis colegas son pesimistas. El llamamiento empieza por él, siempre siguiendo el orden alfabético. El presidente le pide que se levante y diga sus datos personales. ¿Se va a levantar? ¿Va a responder? Se levanta. Tiene una figura juvenil, la cara comida por la mascarilla y debajo de ella la barba salafista. Antes de nada, recita con voz firme la *shahada*, que es el sobrio y grandioso credo del islam: «Declaro que no hay más dios que Alá y que Mahoma es su profeta». Una pausa. «Bien», dice el presidente. «Veremos eso más tarde. ¿Nombre del padre y de la madre?» «El nombre de mi padre y de mi madre no vienen a cuento aquí.» «¿Profesión?» «Combatiente del Estado Islámico.» El presidente mira sus notas y dice plácidamente: «Yo aquí veo: trabajador eventual».

LAS PARTES CIVILES

Víctimas de rebote, testigos desafortunados

«Heridas», «de luto», «impactadas»: son las partes civiles, cuyas comparecencias empezarán a finales de septiembre. Ya hay varias decenas ahí, en los bancos que tienen reservados y que ocupan más de la mitad de la sala. La credencial con un cordón rojo significa que quienes la llevan no desean hablar con la prensa; el cordón verde quiere decir que sí acceden a hacerlo. Algunas, indecisas, llevan los dos colores. Por el momento vemos sobre todo a sus abogados. Nubes de togas negras, atareadas. Una vez más, el tribunal los convoca y cada uno se acerca para inscribir a sus clientes. Para los ya inscritos, el llamamiento es una formalidad. Aun así, dura dos días, y a continuación comienzan a constituirse nuevas partes civiles: es posible hacerlo hasta el último minuto. Hay que decidir qué candidatas tardías al estatus de víctimas son admisibles y cuáles no. En algunos casos no hay duda. Heridas o de luto, el perjuicio que han sufrido es evidente. Es cuantificable, según un baremo que puede parecer monstruoso, pero que existe y al que cabe recurrir: el luto de una hermana se indemniza más que el de una prima, la pérdida de una pierna vale más que la de un pie. En otros casos es discutible. ¿Hasta qué punto, cuando no has sido herido ni guardas luto, puedes declararte «impactado»? Un hombre, todo un señor, se acerca al estrado. Reivindica su condición de víctima porque estaba en el Stade de France, donde comenzaron los atentados. «¿En el interior o en el exterior del estadio?», pregunta Périès. «En el interior», reconoce el señor de mala gana. Périès responde cortésmente que el problema es que en el interior no sucedió nada. Es cierto que los terroristas *deberían* haber entrado para explosionarse, pero no lo hicieron y no es razonable considerar víctimas de una tentativa de asesinato a los 80.000 espectadores del partido Francia-Alemania que se disputaba aquella noche. Tampoco a los residentes en las calles vecinas del Bataclan que vieron morir o agonizar a gente en las aceras y que todavía hoy tienen pesadillas. No se trata de negar que esas pesadillas son reales, como lo son las bajas por enfermedad y los traumas, pero la jurisprudencia distingue a la víctima «auténtica» de la víctima «de rebote» o del «testigo desafortunado», a los que por desgracia no se les puede indemnizar por el perjuicio; de lo contrario sería el cuento de nunca acabar. Una historia que circula por los bancos de la prensa judicial es la de una señora que pide una indemnización porque los atentados echaron a perder su fiesta de cumpleaños, preparada desde hacía mucho tiempo y que costaba un riñón. Al parecer, la historia es verídica, pero la señora no se ha presentado.

La mitómana del Bataclan

También se cuentan historias sobre víctimas falsas. Las hay, incluso muchas. El periodista Alexandre Kauffmann ha escrito sobre una de ellas un libro[1] en que describe muy bien

1. Alexandre Kauffmann, *La Mythomane du Bataclan*, París, Éditions Goutte d'Or, 2021.

la comunidad que se creó en los días posteriores a los atentados. En bares cercanos a la Bastilla se hablaba continuamente de la noche infernal. Dónde estábamos, y con quién, en el momento del ataque. La mujer tendida cerca de mí, debajo de una mesa de La Belle Équipe, ¿estaba viva o muerta? ¿Quién era el hombre que me ofreció una manta isotérmica a la salida del passage Amelot? ¿Alguien lo sabe? ¿Alguien conocería a alguien que lo sepa? Se van gestando leyendas. En el Bataclan habría habido asesinatos con arma blanca, cuerpos mutilados, una mujer encinta destripada, un hombre castrado, un cuarto asesino, todo cosas que la cúpula del Estado había decidido ocultar. Estas mil y una noches de terror se desarrollaron en la vida real, las calles y los cafés, pero también, y sobre todo, online. En diciembre de 2015, una mujer, auxiliar de guardería, que estaba con su marido en el Bataclan lanza en su página de Facebook lo que se convertirá en la asociación Life for Paris. Muy rápidamente atrae a centenares de supervivientes y personas de luto. Entre muchos otros, una tal Flo, que no era una víctima directa pero se dedicaba por completo a ayudar a Greg, su mejor amigo, gravemente herido e ingresado en el hospital Georges-Pompidou... Lo más increíble, repite Flo, es que Greg no iba nunca al Bataclan, al contrario que ella, que iba todo el rato: pensaba ir aquella noche, pero no se sentía bien, cambió de opinión en el último momento y se salvó por los pelos. Hay gente así, que se jactará toda su vida de haber perdido por los pelos un avión que se estrelló. Diligente, disponible, Flo llega a ser la *webmaster* del foro. Recibe, orienta, ayuda, consuela, divulga las iniciativas de la comunidad: salidas, aniversarios, conmemoraciones en el boulevard Voltaire, donde tanta gente acude a recogerse ante velas, flores, fotos, dibujos. Cuando se maravillan de la empatía de Flo, ella dice que la adversidad la ha hecho madurar, abrirse a los demás. Incluso le hace olvidar la cruel enfermedad que padece, el síndrome de Cushing, que la vuelve obesa y velluda. Flo es tan eficiente en Life for Paris que le proponen entrar en el consejo de administración. Como miembro del mismo, habla en la Asamblea Nacional, en el marco de un proyecto de ley de ayuda a las víctimas, y después posa para *Paris Match* con las figuras más mediáticas de la asociación. Pie de foto: «El trauma de la masacre. Consiguen esbozar una sonrisa e incluso vuelven al bistró». Otra foto la muestra con una cazadora de cuero, claramente más rockera, en los brazos de Jesse Hughes, el cantante de los Eagles of Death Metal. El grupo que tocaba el 13 de noviembre en el Bataclan volvió en 2016 para un concierto de recuerdo en el Olympia. Además de la representación y el apoyo psicológico, su nuevo curro, como dice ella, consiste en hacer la criba entre los verdaderos supervivientes y los individuos turbios, muy numerosos, que gravitan alrededor de la desgracia ajena. El radar de Flo para detectarlos es infalible. En el programa *La France a un incroyable talent* (Francia posee un talento increíble), un alumno de instituto dedicó su canción a Alexandre, su mejor amigo, muerto en el Bataclan. Se descubre que ningún Alexandre murió en el Bataclan. El estudiante se enreda en sus mentiras, ante la reprobación creciente de las redes sociales y de Flo, que dice que lo ha descubierto antes que nadie y expresa su desprecio en el foro: «*Bullshit* (patrañas), y todo por la audiencia, es repugnante servirse de sucesos trágicos...». A su vez, a ella la desenmascaran porque, mientras sigue dando noticias de Greg, comete el error de declararse víctima ella misma. El acta de la denuncia es uno de los relatos más completos, precisos y convincentes de la noche de horror en el Bataclan. Pero nace la sospecha, que se concreta cuando una afiliada a la asociación se cruza con Flo en la sala de espera de un terapeuta especializado en los trastornos de los supervivientes. Verificaciones, cotejo. Se descubre que ningún Greg figura entre los pacientes del hospital Georges

Pompidou ni en la lista de víctimas, pero que Flo ha sido indemnizada con 25.000 euros, suma que es solo provisional. Arthur Dénouveaux, el presidente de Life for Paris, la denunció, pero lo hizo con una punzada de pesar porque la apreciaba y, según él, porque esa mujer perdida en su soledad había encontrado en el grupo de supervivientes a los primeros amigos verdaderos de su vida. Juzgada por estafa y abuso de confianza, Flo ha sido condenada en firme a cuatro años de prisión. Como epígrafe del libro, esta frase de Christine Villemin, madre del pequeño Grégory y heroína de otro gran suceso de alcance nacional: «Se diría que la gente envidia la desgracia que nos sucede».

¿Defensa de ruptura?

El segundo día, mientras seguían llamando a las partes civiles, se aludió al uso de la palabra de las víctimas, a las que pronto empezaríamos a escuchar. Salah Abdeslam se levantó de pronto, se agitó en el banquillo hasta que le abrieron el micrófono y preguntó si también darían la palabra a quienes sufren los bombardeos en Irak y en Siria. El presidente dijo que se debatiría ese punto en su momento y le cerró el micrófono. En general, esta réplica de Abdeslam se ha considerado una provocación, pero su argumento me ha dejado pensativo. Pertenece a la denominada defensa «de ruptura», teorizada en 1987, durante el juicio del oficial nazi Klaus Barbie, por el escandaloso y célebre abogado Jacques Vergès. De acuerdo, decía Vergès, Barbie torturó en Lyon, pero el ejército francés hizo lo mismo en Argelia. En consecuencia, cada vez que se hable de tortura en Lyon, la defensa invocará la tortura en Argelia. Me sorprendería que Olivia Ronen, la jovencísima abogada de Abdeslam, se atreviera a imitar a Jacques Vergès, pero es verdad que sí, que, aunque no sea el equivalente de las SS, el ejército francés torturó en Argelia. Y es verdad también que la coalición internacional de la que

Francia formaba parte lanzó sobre Irak y Siria, a partir de 2014, bombas que causaron decenas, quizá centenares de víctimas civiles, porque «los ataques quirúrgicos» son un mito. Al estudiar el auto de procesamiento, que todo el mundo conviene en que es riguroso y probo, me sorprendió aún más encontrar en él una alusión a las «*presuntas* matanzas de civiles que los occidentales *habrían* perpetrado con sus bombardeos». No soy un especialista y dejo a un lado la cuestión de saber si la muerte de medio millón de niños iraquíes, cuya causa directa fueron las sanciones norteamericanas, «valía la pena», como dijo en una entrevista memorable la secretaria de Estado Madeleine Albright («The price is worth it»), pero no es servir a la verdad ni a la justicia llamar «*presuntas* matanzas de civiles» a innegables matanzas de civiles. Tampoco serviría a la verdad y a la justicia negar que las condiciones de encarcelamiento de Salah Abdeslam son muy duras. Seis años de aislamiento son muy duros. Olivia Ronen lo ha expresado vehementemente desde la primera audiencia. Ha dicho que el muchacho que acababa de entrar al banquillo como un toro al ruedo prácticamente no había hablado con nadie desde hacía seis años, y que su deber era manifestarlo. Escuchándola, yo estaba de acuerdo con ella y, al mismo tiempo, pensaba en el correo electrónico que recibió Frank Berton, el abogado anterior de Abdeslam, por haber denunciado la videovigilancia de que era objeto su cliente las veinticuatro horas del día:

> Señor letrado:
>
> Desde la velada en el Bataclan, mi nuera también está sometida a videovigilancia en el hospital.
>
> Esta situación no la perturba porque se halla en un coma profundo.
>
> Tampoco perturba ya a mi hijo, que reposa en el cementerio.

Respeto su trabajo y sus convicciones, pero hay límites con respecto a las personas que sufren.

Un fantasma

Al mismo tiempo que zarpa lentamente el paquebote del V13 –así llamamos ahora todos, jueces, abogados y periodistas, a este juicio monstruoso del viernes 13 de noviembre en el que estamos embarcados–, los asuntos prosiguen en el palacio de justicia. Otro tribunal penal especial juzga a otro terrorista en una salita ubicada en el sótano. Este juicio apenas atrae atención. Una amiga abogada me ha informado del caso y bajo para distraerme un poco del desfile de las partes civiles. El acusado es un señor mayor, que viste un traje azul celeste, con fular y pañuelo a juego, y tiene el pelo blanco, muy lacio, un bigote fino y fuerte acento español. Desde su banquillo acristalado acoge con sencillez a lo que aparenta ser un público fiel. O sea, por orden de aparición: un viejo admirador que se parece a Benoît Poelvoorde, al que le firmará un autógrafo: «Saludos revolucionarios»; dos tipos de traje estricto y aspecto de banqueros que, contra toda apariencia, se presentan como «chalecos amarillos»; dos amables ancianas, militantes históricas de la causa palestina, una de las cuales saca de su bolso, para dárselo a la otra, un panfleto manifiestamente antisemita; un joven maleante en chándal que aprieta contra el pecho el último libro de Éric Zemmour; y, para cerrar el cortejo, monseñor Gaillot, el prelado izquierdista de quien se hablaba mucho, como algunos deben de recordar, a finales del siglo anterior. Todos se conocen, el acusado tiene una palabra afable para cada uno. Al ver que una de las encantadoras viejecitas besa a Benoît Poelvoorde, le espeta, jocoso: «¿Ah, sí? ¿Me pones los cuernos?». Su abogada, una mujerona delgada, con los ojos y el pelo negros como el carbón, que además resulta ser su esposa, llega con tres vasos de café en equilibrio inestable: uno para su marido, otro para ella y el tercero para el fiscal, al que se lo ofrece bromeando ella también: «¡Intento de soborno!». El fiscal sonríe, están entre antiguos camaradas. Es la tercera vez que él inculpa al acusado, ella ya le ha defendido siete veces. Lo que se dirime en el juicio es la duración de la pena a que se expone por el atentado contra el Drugstore Publicis (1974, 2 muertos, 34 heridos), y este juicio es nulo, meramente procedimental, pues hace mucho tiempo, y por otros muchos delitos, que ha sido condenado a cadena perpetua. Lleva veintisiete años en la cárcel, terminará allí sus días, esta vez es simplemente la última, no cabe ya apelación ni recurso posible: es la despedida de la escena de Ilich Ramírez Sánchez, alias el Chacal, alias Carlos. No es una broma: juzgan a Carlos a unos tramos de escalera del V13, y sin suscitar más interés que el de su club de admiradores. A Carlos, el legendario terrorista de los años setenta. Carlos, el cliente más célebre de Jacques Vergès. El fiscal no ha podido evitar la comparación con lo que estaba sucediendo en el piso de arriba. Recuerda que Carlos cometió los primeros atentados indiscriminados en suelo francés, atentados igualmente cruentos, «salvando las distancias»: y ese «salvando las distancias» es la expresión que emplea el personal de las instituciones penitenciarias, que, desde que se relacionan con los *salaf*, como dicen ellos, piensan que la época de los corsos y los vascos eran los buenos tiempos. Cuando la letrada Coutant-Peyre –es decir, su esposa– pronunciaba su alegato, era como si estuviese sentada en una bicicleta estática, contaba anécdotas, recuerdos personales, Carlos la interrumpía y ella entonces decía: «Pues hable en mi lugar, si sabe mejor que yo lo que debo decir», y él, refunfuñando, volvía a sentarse. Esta escena increíblemente extraña era de comedia. Mi amiga abogada y yo no nos privamos de reírnos con disimulo. Habríamos reído menos si hubiera estado en la sala, frente a aquel fantasma de un terrorismo *vintage*, con su pantalón de pata de elefante, y junto a aquellos fantoches pintorescos, una mujer en silla de ruedas que en 1974 era una niña a la que sus padres llevaron a tomar un helado en el Drugstore y cuya vida quedó aquel día destrozada para siempre.

2 horas, 38 minutos, 47 segundos

Quienes asistieron al juicio de *Charlie Hebdo*, hace ocho meses, no olvidarán el trauma causado por las fotos tomadas en el escenario del crimen. Las salas de redacción, los cuerpos. Y luego la videocámara, el vestíbulo, los asesinos que irrumpen, uno de los dos hermanos Kouachi que monta guardia mientras el otro mata: 1 minuto y 49 segundos que muchos preferirían no haber visto. Con la venia del presidente, los policías que durante toda la segunda semana del V13 han aportado una especie de inventario optaron por la decisión opuesta: ahorrar las imágenes a las partes civiles, mostrarlas *a minima*. Fotos sí, pero de lejos. Planos. El entorno devastado pero vacío del café Carillon. Una letanía de nombres, marcadores trazados en aceras, conos amarillos o azules, pero no cadáveres ensangrentados. Pocas imágenes, casi ningún sonido. En el Bataclan, un espectador grababa el concierto con un dictáfono que se ha conservado. Siguió girando durante toda la matanza y existe, por tanto, una cinta de audio que, entre la irrupción del comando y el asalto final, dura 2 horas, 38 minutos y 47 segundos. Se preguntaron si era o no necesario escucharla. En este caso, el tribunal también optó por el pudor y solo permitió que se oyeran los primeros 22 segundos. Está tocando el grupo Eagles of Death Metal, los primeros disparos se mezclan con la batería. Un larsen taladra los oídos, cortan de inmediato. Cuando interrumpen la vista, una chica que estaba en el Bataclan me dice lo que ella tiene derecho a decir y yo no: «No es suficiente. Si es para que nos hagamos una idea de lo que fue, no basta. No es casi nada». No lo sé. Dentro de una semana, otras personas que al igual que la chica estaban allí le pondrán palabras a la situación. Entretanto tenemos las del investigador que hizo las primeras comprobaciones. Es un policía que ha debido de ver muchas cosas en sus veinte años de carrera en la brigada criminal, pero estaba temblando. «Lo que ustedes no han oído», dijo, «las 2 horas, 38 minutos y 25 segundos restantes, lo transcribió un agente, palabra por palabra, ruido por ruido, disparo a disparo. 258 detonaciones en ráfagas y después tiro a tiro durante los primeros 32 minutos.» No se sabe cuánto tiempo ha empleado el agente en transcribirlo. Es preferible no imaginar cómo serían sus noches. Y como al principio los asesinos hablaban, y como era necesario que, sin escuchar la cinta, oyéramos sus palabras, este mismo policía, Patrick Bourbotte, se encargó de hacerlo. Ha dicho: «Voy a tener que insertar mi voz en la de los terroristas. No es lo más fácil que he tenido que hacer en mi carrera en la policía judicial». Se le quiebra la voz, después inhala una bocanada de aire y empieza a leer, valientemente, cambiando de tono, con una aplicación de aprendiz de actor, según encarnaba al «asaltante número 1», Foued Mohamed Aggad, al «asaltante número 2», Ismaël Omar Mostefai, o al «asaltante número 3», Samy Amimur:

> ... Culpad a vuestro presidente, François Hollande... Juega al cowboy, al western, bombardeando a nuestros hermanos en Irak, en Siria, nosotros hemos venido a haceros lo mismo...

Los soldados del califato estamos en todo el mundo. Vamos a golpear en todas partes...

Tú, no te muevas.

[*Un disparo.*]

Te había dicho que no te movieras.

Diecisiete fragmentos de cuerpos

La mañana del 14 de noviembre de 2015 confundieron a dos víctimas en la morgue. Los padres de una de ellas creían que su hija estaba muerta, pero estaba viva; los de la otra concibieron la loca esperanza de que estuviese viva, pero había muerto. Llamado para testificar, el director de la morgue se justifica: nunca habíamos visto algo semejante, la llegada en unas horas de «123 cuerpos enteros y 17 fragmentos de cuerpos». «17 fragmentos de cuerpos.» Es el tipo de cosas que oyen, día tras día, esas personas de todas las edades sentadas en los bancos que les han reservado, algunas se conocen ya, otras están solas: las partes civiles del V13. Para algunas, estos fragmentos corporales son los de su hijo o su hija, los del hombre o la mujer que amaban. Otras palabras que tienen que aprender: laceración, desmembramiento, policribado por fragmentación. Zona de dispersión: esto quiere decir que se encuentran restos humanos hasta a 50 metros del epicentro de una explosión. Esto es lo que refiere uno de los primeros investigadores que entró en el Bataclan: «Caminamos en medio de cuerpos embarullados, entremezclados, superpuestos, no sé qué palabra emplear. Resbalamos en charcos de sangre, aplastamos pedazos de dientes y de hueso, hay móviles que suenan, las familias que llaman. Cuando empezamos a evacuar los cadáveres, estaban hasta tal punto impregnados de sangre y pesaban tanto que tuvimos que transportarlos entre cuatro. Mi obsesión era pasar al lado de una víctima que se hubiera escondido en una ratonera y que hubiera muerto sin que la detectásemos. Quince días después encontramos incluso la pierna de uno de los terroristas». Al investigador que realizó las mismas tareas en el café La Belle Équipe, un abogado de una parte civil le preguntó sorprendentemente qué había «sentido» ante aquella matanza. «No sé lo que sentí. Solo puedo decirle que había 30 orificios en una víctima, 22 en otra, 14 en una tercera». Y a continuación: «Debe usted comprender que los disparos con un calibre de 7,62 milímetros no son como los de un calibre de 9 milímetros. Este último produce orificios de entrada y salida; el de 7,62 causa heridas muy destructivas, con cráneos reventados y grandes fracturas faciales». Una cosa más que habrán aprendido los familiares de las víctimas: en lenguaje forense, un rostro arrancado, irreconocible, se llama «una gran fractura facial».

Propaganda

Han mostrado, sin embargo, el vídeo de reivindicación difundido por el Estado Islámico después de los atentados. Expurgado; pero, aun expurgado, su atrocidad te deja atónito. Filmado, montado y sonorizado como un gran éxito de Hollywood o un videojuego, muestra a los «nueve leones del califato», es decir, a los futuros kamikazes de París, entrenándose en un paisaje pedregoso, probablemente sirio, durante el verano de 2015. Saben que dentro de unos meses van a matar y a morir. Entretanto decapitan a prisioneros, cada uno al suyo, y no solo los decapitan sino que al hacerlo algunos se parten de risa. El vídeo dura 17 minutos y es propaganda. Quizá me equivoque, pero me parece que esta clase de propaganda es totalmente inédita. Por espantoso que sea lo que encubre, la propaganda habitual, hoy en día, exhibe el rostro de la virtud. Desfilando, jóvenes de mirada clara se encaminan hacia un porvenir radiante. La propaganda nazi no mostraba Auschwitz, la estalinista no mostraba el gulag, la de los Jemeres Rojos no mostraba el centro de torturas S.21. Normalmente, la propaganda oculta el horror. Aquí lo exhibe. El Estado Islámico no dice: es la guerra, tenemos el triste deber de cometer actos horribles para que el bien triunfe. No, reivindica el sadismo. Para convertir, utiliza el sadismo, lo exhibe, permite ser sádico.

«No es broma»

Antes de desembocar en la rue Bichat, el Seat del trío que iba a ametrallar las terrazas del Carillon y del Petit Cambodge paró en un semáforo, a la altura de dos transeúntes, que atestiguan que uno de los terroristas bajó la ventanilla y dijo: «Somos el Estado Islámico, que ha venido a degollaros». Luego, al arrancar, añadió: «No es broma».

MAIA, DEL CARILLON

«Conocí a Amine», dice Maia, «cuando los dos estudiábamos arquitectura. Nos hicimos amigos, después fue mi novio, después mi marido y después mi socio. Abrimos nuestra agencia juntos. Era mi primer amor, era mi amor. Teníamos proyectos. Hablábamos de nuestra vida, de los hijos que tendríamos algún día. Nos casamos dos veces. La primera en París en 2014, la segunda en 2015 en Rabat, Marruecos, donde él se había criado y donde vive su familia. Conocimos a Émilie, que se convirtió en una gran amiga, y luego a Charlotte, su hermana gemela. Eran guapas, cómplices, nos reíamos mucho con ellas. Estaba también Mehdi, el amigo de la infancia de Amine. Los cinco éramos arquitectos. Quedábamos las noches de los viernes en el Carillon, no muy lejos de la agencia. No hacía falta decirlo, si nadie indicaba lo contrario era nuestro lugar de encuentro. Aquella noche hacía tan buen tiempo que los cinco nos sentamos en una mesa de la terraza. Era como una primavera precoz, la gente parecía feliz paseando por las calles. Recuerdo que pensé que la vida era agradable y que teníamos suerte. En el momento en que aquello sucedió, hablábamos de nuestros cumpleaños. Yo tenía veintisiete años, los demás veintinueve, pensábamos en lo que íbamos a hacer para celebrar los treinta años de los otros cuatro. Y después sucedió.»

(Una pausa, muy larga.)

«Entonces, lo que sucedió... Es un revoltijo de imágenes, de sonidos que emergen a la superficie. Los ruidos, las detonaciones que al principio creímos que eran petardos, el olor a pólvora. Yo no lo sabía, pero el olor de la pólvora es horrible. Creí que Amine, Émilie y Charlotte se escondían debajo de la mesa, pero en realidad los habían derribado las balas. Yo me tiré a la cuneta, entre la acera y las ruedas de un coche. Me acurruqué para que las balas no me alcanzasen, pero de todos modos me dieron en las piernas. Sentí los impactos en el cuerpo. Impactos terribles, enormes, aún no sabía que eran las esquirlas de las balas de kaláshnikov que estallaban dentro de mis piernas y me dilaceraban. No conocía todavía este verbo: *dilacerar*. Aún no sentía el dolor, aún no. En un momento dado siento que detrás de mí está la muerte. Hay un hombre apretado contra mi espalda. Oigo su respiración entrecortada, oigo su estertor, sé que son sus últimos instantes. Sé que estoy viviendo a su lado los últimos instantes de su vida. Es algo muy íntimo, es quizá lo más íntimo que se puede compartir con alguien. No lo veo, está detrás de mí, pero siento su respiración, la oigo. Soy el único testigo de su muerte. No conoceré nunca su nombre.

»Ha llegado la muerte, y el silencio. Y luego oigo los gemidos, los estertores, las primeras palabras de los servicios de socorro: "Los conscientes primero, atiendan antes a los conscientes". Conseguí levantarme, no sé cómo. Busco a Amine con la mirada. Está tendido en el suelo entre otros cuerpos tendidos. Ha caído de espaldas. Le veo la cara, veo sus ojos abiertos y sé que ya no está allí. No es la sangre, no son los 22 impactos de bala que todavía no sé que le han alcanzado los pulmones, el hígado, el corazón, lo único que veo son sus ojos vacíos. Es la nada, está muerto. Veo también a Émilie y a Charlotte, pero aún no puedo acercarme porque entre nosotras se interpone el cuerpo de Amine. Mehdi no se ha movido. Sigue sentado a la mesa en que estábamos los cinco. Está vivo, está herido, tiene mucha sangre en la camiseta. Le pregunto si está bien. Me dice que sí con una voz extrañamente normal, tienes que ocuparte de ti. Veo como la sangre fluye por mis piernas y luego veo que hay agujeros en ellas. Intento agarrarme la pantorrilla izquierda para remeterla dentro de la pierna. Alguien me ha dado un paño, intento hacerme yo misma torniquetes, en la pierna izquierda por encima de la rodilla, en la derecha a la altura de la tibia. Me han trasladado al hospital Bichat y desde allí llamo a mi madre. Le digo que estoy viva y también: "Creo que Amine ha muerto". Es mentira, no *creo* que Amine ha muerto, sino que *sé* que ha muerto. Esta mentira dará a la madre de Amine una esperanza que durará hasta la tarde del día siguiente. Todavía hoy me desconsuela haber mentido. Después me transfieren a Ambroise-Paré, donde me practican de urgencia las primeras operaciones para salvarme la pierna. Es imposible describir los momentos que siguieron, las primeras noches en el hospital. El miedo. Los primeros llantos. Siempre me he considerado una persona fuerte, en absoluto una víctima. Pero allí pensaba que no era humano experimentar semejante sentimiento de angustia y de soledad. Me hicieron cuatro injertos. Lo que me empujó a aguantar fueron mis piernas. Tenía veintisiete años, toda una vida por delante, necesitaba las piernas. Tenía que levantarme y mantenerme de pie. Hoy, como ven ustedes, estoy de pie, feliz por estar de pie, feliz porque puedo andar sin muletas, sin férulas.

»Mientras yo estaba en el hospital, Amine fue enterrado en Marruecos. No pude asistir a su entierro. Tampoco me ocupé de Charlotte y Émilie. No he visitado nunca sus tumbas. Eran mis amigas más queridas y desde que han muerto las he abandonado. El duelo de Amine ocupaba demasiado espacio, en mi corazón no quedaba un hueco para ellas. Éramos cinco, ya solo somos dos. Al principio pensé que Mehdi y yo nos apoyaríamos, pero no sucedió eso. Desapareció de mi vida, nuestros caminos se separaron, pienso que era demasiado duro para él. No ha dado señales de vida. Éramos cinco y ahora estoy sola.

»Trabajo. He tenido que reinventar mi oficio. Hace poco he obtenido un contrato público en una ciudad mediana, es algo importante. Ya no vivo en París. He encontrado un novio que soporta a la mujer que soy ahora. En fin, esto ha sido el combate, vendar una por una las heridas. Ha durado seis años. Es agotador. Tengo la cabeza alta, pero estoy agotada. Sé que hay cosas que no volverán. No volveré a correr. Ya no sueño. Los sueños han despoblado mis noches. Dudo en mi trabajo. Ya no soy tan fiable como antes. He perdido para siempre a mis amigos. Lo que ahora quisiera es vivir, simplemente vivir. Sentir la libertad de estar enamorada sin sentimiento de culpa. Disfrutar del desenfado de una noche entre amigos. Ser capaz de aceptar nuevas pruebas, como la enfermedad de mi padre. Dejar de tener miedo a perderlo todo.

»Este juicio me ha situado en una fase de espera. Hace un año que espero. Habría querido que no fuese necesario estar aquí, pero no era posible. Habría querido reconstruirme ignorando todo esto, pero no era posible. ¿Qué espero del juicio? Sentencias a la altura de los crímenes. Justicia. No cambiará nada para mí, pero está bien que se esté celebrando. Es todo. Gracias por haberme escuchado.»

«ATIENDAN A LOS VIVOS»

La acróbata y el jugador de rugby

Alice y Aristide son hermanos. Se parecen en el pelo negro, la cara esculpida, el cuerpo esbelto, los dos son muy guapos. Ella tenía veintitrés años; él, veintiséis. Ella es una artista circense: una acróbata profesional. Su oficio consiste en lanzarse al cielo hacia atrás, con las manos en las de quien la sostiene, pero ella lo cuenta de otra manera: «Mi trabajo es hacer soñar a la gente con mis brazos». Aristide, por su parte, es jugador de rugby, profesional él también. Juega y vive en Italia. Los dos son atletas de élite, el riguroso entrenamiento que se imponen les deja poco tiempo para verse, por lo que estos reencuentros para cenar en París son una fiesta. Van al Petit Cambodge, enfrente del Carillon, porque los *bún bò* están muy buenos, pero esa noche la terraza está abarrotada, al igual que la sala, y dan vueltas en busca de un plan B. Entonces el coche de narcotraficante con los cristales tintados se detiene en el bordillo de la acera. Se apea un hombre que se parece muchísimo a uno de los mejores amigos de Aristide, salvo porque tiene un kaláshnikov, lo levanta y empieza a disparar. Alice no lo ha visto, solo ha oído los primeros disparos, está ya en el suelo. Aristide, con sus reflejos de jugador de rugby, la ha tumbado contra el suelo, se ha tirado encima de ella y la protege con todo su cuerpo. Es el caos, es ensordecedor, no se sabe si dura segundos o minutos. Hay un momento en que Alice siente un dolor como no se imaginaba que pudiese existir, uno de sus brazos debía de sobresalir de debajo del cuerpo de Aristide, que recibe a su vez tres de esas balas monstruosas. Alice dirá que Aristide le salvó la vida al abalanzarse sobre ella. Aristide dirá que Alice se la salvó a él al conseguir, en el maremágnum de los primeros auxilios, de los gemidos, de las agonías, que le trasladasen al hospital, donde le diagnostican un estado de «muerte inminente». A ella la operan dos veces esa misma noche, en dos hospitales distintos, y más adelante otras cinco veces, lo que permitió salvarle el brazo, pero no recuperar su movilidad. Aristide sufría heridas en los pulmones, graves daños cerebrales, y le dijeron que conservaría la pierna derecha, en el sentido de que no se la amputarían, pero que nunca volvería a caminar. Unos meses más tarde caminaba, incluso intentó correr, pero el dolor era tan intenso y la angustia tan enorme que pasó meses ingresado en el hospital psiquiátrico. La retirada del rugby ha sido un proceso largo y doloroso. Aún hoy no puede acercarse a un televisor que retransmita un partido: la tristeza lo ahoga. Alice es también una discapacitada, ya no puede apoyarse en los brazos, «pero sigo ejerciendo mi oficio», dice ella. «Ideo con mis compañeros métodos nuevos apoyándome en los pies. Quiero seguir haciendo soñar a la gente. Es difícil.» Lo repite: «Es difícil»; hay un silencio, le tiembla la barbilla, se le crispa la boca, y de esta crispación nace una sonrisa milagrosa. Los dos hermanos mencionan también lo mismo que mencionan todos los demás: la hipervigilancia, las pesadillas, la pérdida definitiva de la tranquilidad, pero igualmente que sienten gratitud hacia el destino: la moneda ha caído del lado bueno, están vivos. Luchan, pero no contra alguien, sino por ellos mismos, consigo mismos, con los demás. No es el lenguaje estereotipado del pensamiento positivo lo que se oye aquí, sino el derecho a decir una verdad que han pagado muy cara. Aristide: «Trato de comprender qué es lo que impulsa a unos jóvenes a disparar sin más contra otros jóvenes. Quizá no lo comprendo porque no hay nada que comprender. Pero me alegra que se les escuche. Me alegro de que se celebre este juicio. Pienso que mi generación, y la siguiente, tenemos una enorme necesidad de creer en la justicia». Mira un instante hacia el banquillo de los acusados, a su izquierda, y aparta la mirada al momento. Mira al tribunal ante él, muy recto sobre las dos piernas. Los miramos, a Alice y a él. Que nos hablen es ya justicia.

El acento de la verdad

Este juicio tiene una ambición desmesurada: la de desplegar, durante nueve meses, desde todos los ángulos, desde el punto de vista de todos los actores, lo que aconteció aquella noche. Primero hay dos semanas de inventario. Policías, gendarmes y médicos han comparecido para describir lo que vieron. Estos hombres curtidos lloraban. Ahora entramos en una nueva dimensión. Durante cinco semanas vamos a escuchar los testimonios de las partes civiles, es decir, los supervivientes y los allegados de los muertos. Las personas a las que les *sucedió*. Hay unos quince testimonios cada día, de una intensidad aterradora. Empezaron hace cuatro días y tenemos la impresión de que ha transcurrido un mes. Las vistas empiezan a las 12.30 y, en principio, terminan a las 19.30, a menudo más tarde, y como es complicado salir y volver a entrar en el juzgado, porque hay que pasar otra vez por todos los controles, prácticamente no vemos la luz del día: a las seis de la tarde creemos que son las tres de la madrugada.

El resto de la vida se aleja. Una cena con amigos queda totalmente descartada. El presidente, de quien se aprecia su firmeza afable, hizo un comentario desafortunado por el que se disculpó enseguida: para no recargar demasiado la planificación, los abogados de las partes civiles debían ponerse de acuerdo, entre ellos y con sus clientes, para «evitar las repeticiones». ¿Qué quiere decir eso? Por supuesto, hay cosas que dicen todos los que estaban en las terrazas, ya que esta semana se hablaba de las terrazas. Que al principio creyeron que eran petardos, luego que estaban atrapados en medio de un ajuste de cuentas, hasta que comprendieron aquella locura: unos hombres se habían apeado de un vehículo con armas de guerra *para matarlos*. Que cuando aquello cesó hubo lo que a veces se llama, sin pensar, «un silencio de muerte», pero que aquello era *realmente* un silencio de muerte, solo después empezaron los alaridos. Que era una matanza, una carnicería, una maraña de cuerpos con orificios enormes de los que manaban sangre, carne, órganos, y que cuando llegaron los primeros auxilios se oía repetir esta frase: «Atiendan a los vivos». Pero no hay ni puede haber repeticiones, porque cada cual vivió estos mismos instantes con su propia historia, con sus secuelas, con sus muertos, y lo expresa ahora con sus propias palabras. No son sucesos que se enumeran y se desgastan, sino voces que se manifiestan, y todas –bueno, casi todas– suenan auténticas. Casi todas poseen el acento de la verdad. Esto es lo que determina que esta larga secuencia de testimonios no sea solo terrible, sino magnífica, y no es por curiosidad morbosa por lo que quienes seguimos el juicio no cederíamos por nada del mundo nuestro puesto ni afrontaríamos con calma la perspectiva de perdernos alguna de las sesiones. He leído, oído decir y a veces pensado que vivimos en una sociedad victimista, que mantiene una complaciente confusión entre el estatus de víctimas y el de héroes. Quizá, pero una gran parte de las víctimas a las que escuchamos día tras día me parecen héroes indudables, debido a la valentía que han necesitado para reconstruirse, a la manera en que viven esta experiencia, a la fortaleza del lazo que los une con los muertos y los vivos. Al releer estas líneas me percato de que son enfáticas, pero no sé cómo decirlo menos enfáticamente: a estos jóvenes, porque casi todos lo son, que declaran uno tras otro en el estrado, se les transparenta el alma. Se lo agradecemos, nos horrorizan, nos engrandecen.

NADIA

Entre la última vez que Nadia Mondeguer vio a su hija, el viernes a las 14 horas, y el momento en que conoció su muerte, el sábado a las 14 horas, transcurrieron veinticuatro horas que ella contó en el juicio minuto a minuto. Nadia es una mujer de pelo gris alborotado, cara demacrada, voz de fumadora inveterada y un acento muy leve, difícil de identificar. La escuchamos cuando habla. Habla mucho tiempo, la escuchamos largo rato. Dice que para la comida del viernes 13 había preparado una coliflor gratinada que no la había dejado descontenta y que no volvería a hacer nunca coliflor al gratén. Lamia apareció en el último minuto, como hacía a menudo. Desde hacía cuatro años compartía piso con su amiga Louise en la rue Bréguet, pero había conservado las llaves del piso familiar en el boulevard Voltaire y, como estaba a dos pasos, pasaba a veces a toda prisa por la vivienda. Su hermano Yohann estaba en casa, y almorzaron los tres juntos. La comida empezó siendo alegre, pero como era viernes 13 se preguntaron si debían inquietarse.[1] En principio no, pero Lamia, de todas formas, dijo: «A mí este viernes 13 no me huele bien, me va a

1. El viernes 13 es el equivalente en Francia al martes 13 español. (*N. del T.*)

traer mala suerte». Le dolía la espalda. Su último mensaje fue para preguntar a los de su pandilla si podían recomendarle un osteópata bueno y barato. «Mi espalda os lo agradece», escribió. Al contar esto, Nadia añade: la mataron por la espalda.

Lamia tiene prisa, cuando se va le dice a Nadia: tenemos que comer juntas, busquemos un día la semana que viene. Es un ritual entre ellas, desde que la hija es adulta y se gana la vida, es importante para ella invitar a su madre y a su padre a un restaurante, por turnos. Vuelve a pasar por la casa para cambiarse antes de ver a las 16 horas a una actriz a su cargo: es agente artística. A las 18.30 va a la lectura de la tesis de su amigo Francis en el Conservatoire des Arts et Métiers. Allí, a las 19.21, toman la última foto suya. La proyectan en la pantalla en que la víspera han mostrado las escenas de los crímenes. Apoyada en una pared amarilla, habla con dos personas que se adivinan en escorzo y acaba de divisar a una tercera, la que saca la foto. Se ha vuelto hacia ella, le sonríe. Tiene el pelo castaño, bastante largo, con la raya en medio, la boca grande. Tiene treinta años, pero todavía hay algo infantil en su cara. Su belleza, su alegría, su gentileza resplandecen. Me hace pensar en mi hija, en cómo podría ser mi hija dentro de quince años. La defensa de la tesis se transforma en una copa, algunos van a continuar la fiesta juntos, a festejar el cumpleaños de un amigo cerca de la estación de Lyon, pero Lamia no puede quedarse porque tiene que reunirse con Romain. Lo conoció hace unos meses. El 21 de octubre lo llevó a comer al boulevard Voltaire. Nadia se sintió inmediatamente a gusto con ese grandullón rubio de ojos azules que provenía de la región de Sancerre, jugaba al rugby y había abierto un café enfrente del museo de Cluny, donde, campechano, propuso a Nadia que se vieran esa misma semana para desayunar juntos. «Deal?»; «Deal».[1] Conquistada,

1. En inglés: «¿Trato hecho?»; «Trato hecho». (*N. del T.*)

Nadia se dice: «Este es el bueno». El último SMS encontrado en el móvil de Lamia es de Romain. No sabe dónde pueden citarse y escribe: «Tú decides». Lamia elige La Belle Équipe, un café que ambos conocen bien. Romain, que ha hecho suyo el barrio, vive a diez minutos. A las 20.30, Lamia da besos a todo el mundo, coge el metro hacia Arts et Métiers, llega a las 20.50 a La Belle Équipe. Clientela joven, cervezas y mojitos, también sirven tablas de quesos y embutidos. Hace muy buen tiempo, hay gente, ambiente, se sabrá más tarde que esa noche se festejaban dos cumpleaños. Aun así, Lamia encuentra una mesa en la terraza, cerca del cristal que separa La Belle Équipe de un restaurante japonés. Romain llega diez minutos más tarde. Les quedan 35 minutos de vida, y a Nadia le gusta pensar que esos minutos los han vivido los dos con el encantamiento de los primeros tiempos del amor. Otra foto donde se los ve juntos unas semanas antes permite pensarlo.

Nadia, por su parte, ha pasado la tarde siguiendo por un grupo de WhatsApp una reunión familiar en honor de su sobrina, que vive en Antalya, Turquía. Después tendría que haber ido al teatro de Gennevilliers con los cuatro alumnos a los que enseña árabe, pero Jean-François, su marido, vuelve de una cita en el hospital Saint-Louis. Le han colocado una sonda urinaria. La consulta ha sido penosa, este hombre duro está agotado. Nadia decide quedarse con él en casa. Llama a los demás para cancelar la cita. Después de cenar, Jean-François se acuesta en su habitación. Yohann se retira a la suya para ver el partido Francia-Alemania que se celebra en el Stade de France. Nadia se queda sola en el salón y navega por la web, muy familiar para ella, del Institut du Monde Arabe. Examina la programación musical. Escucha *anachid.*

Esta palabra ha causado sobresaltos. Aparece recurrentemente en las declaraciones de los investigadores, los abogados la repiten como si la conocieran desde siempre. Los *anachid* son cantos guerreros que forman parte de la cultura yihadista. Musicalmente son más o menos como el rap, las letras son belicosas y hasta sanguinarias, pero no hay que olvidar, dice Nadia, que en su origen eran cánticos sufíes que expresan la más alta espiritualidad musulmana: el canto gregoriano del islam. Tiene buenos motivos para que le interesen. Su familia, por el lado paterno, es palestina, cristiana, afincada en Egipto desde hace dos generaciones. Ella nació en El Cairo, allí conoció a Jean-François, bretón, cooperante, profesor de francés, que ha sido desde 1973 hasta su muerte, en 2020, el gran amor de su vida. Cuando se asentaron en París, en 1974, Jean-François impartía formación a trabajadores inmigrantes, mientras que ella les prestaba ayuda administrativa en el marco de la nueva política migratoria implantada por Giscard d'Estaing. Durante catorce años, Nadia fue escribiente en Nanterre, donde conoció la última barriada de chabolas. Después, mientras estaba embarazada de Lamia, reanudó sus estudios de árabe y de historia. Antes de enseñar árabe en un instituto de egiptología y, más tarde, en el Institut du Monde Arabe, escribió una tesina sobre una revista salafista fundada en El Cairo a principios del siglo XX por el sirio Rachid Rida, uno de los inspiradores de los Hermanos Musulmanes. No es desviarse del tema decir que esta asociación, nacida en la década de los años veinte a orillas del canal de Suez, inventó lo que se llama el «islamismo», es decir, la idea de que la aplicación rigurosa de la sharía, la ley coránica, es la solución de todos los problemas políticos y sociales, el remedio al declive de los países árabes. El yihadismo procede de ahí.

Así pues, los tres están a lo suyo en el apartamento. Las melopeas de los *anachid* responden a los clamores ahogados del partido que ve Yohann al otro lado del tabique. A las 21.30, su vecina del quinto llama para interesarse por Jean-

François. Muy cansado, dice Nadia, pero está bien. Mejorará. Entretanto, se enterará ella más tarde, el Seat que ya ha ametrallado tres terrazas ha enfilado la avenue Parmentier y luego el boulevard Voltaire. Ha pasado por debajo de sus ventanas, quizá haya reducido la velocidad en el semáforo junto a su edificio, y después ha continuado trescientos metros hasta el cruce del bulevar con la rue de Charonne, donde hay dos grandes cafés, muy animados. Más tarde, Nadia se ha preguntado muchas veces por qué no cometieron su matanza en este cruce, era mucho más sencillo que girar hacia la rue de Charonne y dirigirse hacia ese café más pequeño, La Belle Équipe, que ni siquiera se veía desde el bulevar. Cabe deducir que lo han buscado, que tenían un motivo para elegir La Belle Équipe... Pero ¿cuál? A las 21.35, Nadia oye un petardeo procedente de las calles de detrás. Se asoma a la ventana para ver si hay movimiento en el bulevar. Todavía persisten en su memoria las idas y venidas de las furgonetas de la policía, con las sirenas a todo volumen, cuando los atentados de *Charlie Hebdo* y del Hyper Cacher, en enero. No, no hay movimiento. Se queda tranquila otra media hora. No es hasta las 22.16 que recibe un WhatsApp alarmante de la sobrina que está en El Cairo. Es ella la que desde Egipto le informa de que hay atentados en París. A partir de ese momento, los tres familiares empiezan a seguir las noticias. Sobre todo hablan del Bataclan, pero también de las terrazas de ese distrito XI donde viven desde hace cuarenta años, a excepción de Gwendal, el hermano mayor, que reside en El Cairo desde hace siete. Nadia llama una y otra vez a Lamia, que no responde. Pero la propia Lamia ha dicho que su móvil fallaba desde la víspera: es normal que no pueda contactar con ella. Y que tampoco se pueda contactar con Romain. Es bueno que estén juntos.

Yohann, con todo, dice que deberían llamar al número verde que se ha habilitado para las familias. Nadia titubea. Llamar al número verde sería reconocer que están inquietos cuando no hay ninguna razón para inquietarse. Repite que no hay ninguna razón y evoca un recuerdo que su marido y su hijo ya conocen. Data del 6 de octubre de 1981. Se celebraba en El Cairo el aniversario de la victoria del ejército egipcio sobre Israel, por la que dio comienzo en 1973 la guerra de Yom Kipur. La madre de Nadia acababa de someterse a una operación bastante grave. Su padre, que era periodista en la radio francófona cairota, llevó a Nadia en coche a visitarla al hospital. En el trayecto se cruzaron con el desfile. Nadia pasó el día a la cabecera de su madre, que se recuperaba bien. Hablaron tranquilamente. Desde la ventana de la habitación se veía un jardín, se oían pájaros. A las dos les extrañó de pronto que un helicóptero sobrevolara ruidosamente el hospital. Hasta las nueve de la noche, cuando llegó la hermana de Nadia y se lo dijo, no supieron que Egipto estaba en pleno caos porque Sadat acababa de ser asesinado por miembros de la yihad islámica egipcia. Madre e hija habían pasado aquel día apacible sin saber que había ocurrido aquella inmensa desgracia que arruinaba todos los esfuerzos de paz en Oriente Próximo. Nadia se aferra a ese recuerdo para poder decirse que Lamia y Romain, en su encuentro amoroso, están ilocalizables porque han apagado los móviles, han cerrado las escotillas. Puede ser que París sea pasto del fuego y la sangre, ellos no lo saben, no quieren saber nada. Están solos y felices en el mundo.

No obstante, hacia las dos de la madrugada, Nadia llama al número verde. Respuesta tranquilizadora: Lamia no figura entre las víctimas. Los llamarán, por supuesto, si hay noticias. Se adormece en un sillón. Por la mañana, la célula de crisis del ministerio no ha llamado y ella cuelga en Facebook, con relativa confianza, un mensaje de apoyo a las familias de las víctimas. A las 10 espera al grupito de alumnos a los que enseña árabe. Son cuatro, fieles, de una edad entre los cuarenta y cinco y los setenta y ocho años. En cuanto llegan, en vista de la situación, quieren marcharse para no molestar, pero Nadia los retiene y se quedan un momento, sin nada que hacer, cruzados de brazos, cada vez más incómodos. Mientras tanto, los amigos de Lamia se han puesto a recorrer hospitales. A las 13 horas, la madre de Romain llama y notifica a Jean-François que Romain ha muerto; acaban de comunicárselo oficialmente. Y a las 14 horas, la novia del hermano de Romain llama y le dice a Jean-François: «Señor Mondeguer, voy a ser brusca: Lamia está en las listas».

Están en el salón. Jean-François se dirige a Nadia. Ella recuerda que él no dice: «Lamia ha muerto», sino «Lamia está en las listas».

«Ahí se abre una trampilla», dice Nadia en el estrado. «Nos aspira, nos engulle al fondo de la sentina. Arriba, en el puente, la agitación continúa. Ya no pertenecemos a ese mundo con el que empatizábamos unos minutos antes. No lloré. Se produjo en mí una disociación. Era irreal y real. Jean-François dijo: "Estoy triste". Solo eso: "Estoy triste", y por el tono de su voz comprendí que estaba destruido en su ser más profundo.»

A las 15 horas, después de haber informado a Gwendal, Jean-François fue al Instituto de Medicina Legal con Ylias, un viejo amigo de Lamia. Fueron en Uber, que aún no estaba muy extendido, Jean-François ni sabía que existía. Allí les dijeron que Lamia había sido abatida en La Belle Équipe, a 150 metros de su casa. También les dijeron que Romain y ella habían muerto en el acto, que no habían sufrido. Es un consuelo.

A última hora de la tarde, Ylias les preguntó si los amigos de Lamia podían ir a casa para recogerse. Lo necesitaban. Me puse en su lugar, dice Nadia, comprendí su desolación. No se esperaba que fuesen tantos: unos treinta, que subieron los cuatro pisos y se sentaron en el salón, en silencio. En el sofá, en las sillas, en el suelo. Jean-François y Nadia se quedaron en la habitación. No oían nada. Había treinta jóvenes al otro lado del tabique, pero no se oía nada. Bueno, la primera tarde. Después empezaron a hablar. Durante casi dos meses volvieron todos los días. Llevaban cosas de comer y de beber, se les oía subir la escalera, la puerta permanecía abierta, la vivienda no se vaciaba. Hablaban de Lamia, de sus vidas, de la vida. Nadia y Jean-François no conocían a la mayoría de ellos. Solo conocían a sus amigos de la escuela Godefroy-Cavaignac, a dos calles de su domicilio, y luego a los del instituto Sophie-Germain. Lamia les era muy fiel, hasta había conservado a una compañera de preescolar. Descubrían a sus amigos recientes, los círculos muy distintos en los que ella se desenvolvía con facilidad, querida por todos. Era también un consuelo saber cuánto la querían.

Tarde, cuando todos se marcharon, Jean-François y Nadia fueron caminando hasta La Belle Équipe. Antes, Nadia renegaba cuando pasaba por delante para ir a correos porque las mesas ocupaban toda la acera, para sortearlas tenía que bajar a la calzada. Ahora había velas, dibujos, mensajes: una capilla ardiente en medio de la calle. A la una de la madrugada, la multitud se había retirado. Volvían todos los días. No se acercaban, se quedaban en la acera de enfrente. Al cabo de tres meses, el café reabrió. Ya no regresaron.

Al seísmo del viernes 13 le suceden las réplicas. El miércoles 18, Jean-François y Nadia fueron al Instituto de Medicina Legal para ver por fin a Lamia. Nadia accedió a que los acompañara un grupo de amigos de su hija. El Instituto es lo que se llama también la morgue, un edificio de ladrillo al borde del Sena, en el muelle de la Rapée, donde voluntarios de protección civil los recibieron con termos de café. Hacía mucho frío. Los dirigieron a una psicóloga cuyo cometido consistía en preparar a las familias para ver a su «ser querido», como ella decía, detrás de un cristal, y no más de tres minutos a causa del «choque térmico». Los previno de que se arriesgaban a no reconocer a «su» Lamia y los introdujo en una habitación oscura. Al otro lado del cristal yacía un cuerpo sobre una mesa de metal, con la cabeza vendada y cubierto hasta la barbilla por una sábana blanca. Nadia y Jean-François se quedaron de pie, en silencio, ante aquella forma blanca, extraída de una cámara fría, que había sido su hijita. En el momento en que iban a abandonar la sala mortuoria para firmar el acta de reconocimiento, oyeron gritos en la puerta. Una amiga de Lamia, una a la que apenas conocían, estaba gritándole a la psicóloga y repetía que se habían confundido de persona: la que estaba debajo de la sábana no era Lamia. Al principio indignada e inflexible, la psicóloga consintió que examinasen el tobillo de la joven difunta. Tenía un tatuaje en el tobillo. Lamia no tenía un tatuaje en el tobillo. Nadia y Jean-François concibieron por un momento una esperanza loca que duró hasta altas horas de la noche en la célula *ante mortem* de l'École Militaire, donde los llevaron a todos. Han verificado, cotejado, practicado pruebas de ADN: habían confundido a Lamia con otra persona, pero también ella estaba muerta. Nadia había estado a punto de firmar el acta que declaraba que había reconocido a su hija cuando en realidad se trataba de otra chica. Sin la supervisión de los amigos de Lamia lo habría hecho y, sin duda, nunca lo habría sabido. Nadia considera a esos amigos tan cariñosos, tan valiosos, un regalo que les ha dejado su hija.

Durante los cuatro años siguientes, Jean-François Mondeguer se desvivió por la asociación de víctimas 13onze15, de la que fue uno de los fundadores. Habló en institutos sobre el terrorismo, la radicalización, para que no olvidemos. Asistió en Bruselas al primer juicio de Salah Abdeslam y de Sofien Ayari, acusados de haber disparado contra unos policías cuando los detuvieron. Pero la tristeza, dice Nadia, lo devoró por dentro. Dice también que el 29 de febrero de 2020, año bisiesto, como él no hacía nada como el resto del mundo, Jean-François fue a reunirse con su mariquita. Así llamaba él a Lamia cuando era pequeña. A sus treinta años seguía llamándola así.

Nadia y Jean-François habían decidido que sus tres hijos nacieran en la maternidad de Lilas, donde se practicaba el parto sin violencia. Lamia había abandonado el mundo de la forma más violenta imaginable. Es tan incomprensible, dice Nadia. Pensar que quienes la mataron tenían su misma edad. La edad de todos, entre los veinticinco y los treinta años. Que los llevaban a la escuela de la mano, como ella llevaba a Lamia, agarrada de la mano.

Eran niños pequeños a los que se llevaba de la mano.

El silencio en la sala es tan denso cuando dice esto como el de los amigos de Lamia la noche del 14 en el salón del boulevard Voltaire.

Para terminar, dice: «Ahora, abogados de la defensa, hagan su trabajo. Háganlo bien. Lo digo sinceramente».

EN LA PISTA

«Lo que me gusta a mí de los conciertos es mirar la cara de la gente. Aquella noche estaban alegres, todos estábamos bien. Buena energía» (Clarisse). «La pista estaba llena, había quizá mil personas dentro, cuando empezó el tiroteo nos aplastamos contra las barreras. Me alcanzó una bala, no sé cuál de los tres la disparó» (Aurélie). «Como yo estaba delante del escenario, miré a los músicos, vi su pánico, los vi huir por los bastidores. Al principio pensé: es un tarado que ha venido a abrir fuego» (Lydia). «Intenté decirme: van a tomar rehenes, si hacemos lo que nos piden todo irá bien; pero no, está claro que han venido a matarnos y pensé, es una auténtica locura, voy a morir en un concierto de *rednecks* californianos por el que he pagado 30,70 euros» (Clarisse). «Quise saltar una barrera, pero todo el mundo empujaba, me encontré atrapada por la pierna, pregunté si alguien tenía un cuchillo para cortármela» (Lydia). «Lo que más duele es que te pisoteen» (Amandine). «Tiré a mi mujer al suelo, me arrojé encima, todo el mundo en la pista se tumbó. Después de las primeras ráfagas vi a un hombre atlético que disparaba hacia el suelo. Avanzaba tranquilo, uno o dos pasos y un tiro, uno o dos pasos y un tiro. No llevaba capucha. Cuando me di cuenta de esto, de que tenía la cara al descubierto, comprendí que todos íbamos a morir» (Thibault). «De repente me vi en un charco de sangre caliente, no comprendía cómo podía haber tanta, tan rápido» (Amandine). «Supe que me habían herido de gravedad cuando quise retirar de la cara el zapato de una persona que estaba encima de mí. Percibí que la mejilla se me había desgajado entera y me colgaba por la cara. Metí la mano derecha dentro de la boca para recoger los dientes y evitar tragármelos, porque, si no, corría el riesgo de toser y llamar la atención de los terroristas» (Gaëlle). «Pensé: ya está, es aquí, es ahora. Esta bocanada es la última que respiro. Lo único que me calmaba era pensar que no tenía hijos» (Thibault). «Habían encendido todas las luces y yo diría que disfrutaban matando a la gente» (Amandine). «Eran muy jóvenes, serenos. Hubo un momento en que a uno de ellos debió de encasquillársele el cargador y otro le ayudó a desatascarlo bromeando, como un buen compañero en el campo de tiro» (Édith). «Pararon para recargar y después no fue tan seguido: bala a bala, apuntando. Un grito, un tiro; un llanto, un tiro; cada vez que sonaba un móvil, un tiro» (Pierre-Sylvain). «Yo no quería sufrir más, acepté la idea de que iba a morir a los treinta y dos años, rodeada de gente de mi edad que tenía, igual que yo, una hermosa vida por delante, asesinada por hombres que disfrutaban disparando» (Amandine). «Un hombre se levantó y dijo: "Basta ya, ¿por qué hacéis esto?". Lo mató uno de los tiradores» (Édith). «Lo oí decir: "Pues para vengar a nuestros hermanos de Siria, echad la culpa a vuestro presidente Hollande", y yo no sé lo que pasa en Siria, yo estoy aquí para pasar un buen rato con Nick, que es el amor de mi vida, y le pregunto: "¿Te han dado?". Sí, en el vientre, le duele, le duele al respirar y entonces le hago el boca a boca para que respire y luego él se muere» (Helen). «Soltó ese discursito sobre Siria como si le importara lo más mínimo, como una lección que has aprendido y en la que no crees, lo único que les excitaba era dispararnos. Lamentable»

(Édith). «Si te mueves, mueres. Fingimos que estamos muertos. Los móviles suenan sin parar, con esos sonidos tan reconocibles de iPhone que me hielan la sangre seis años después» (Lydia). «El que disparaba con el arma en la cadera bajó el cañón, se la puso al hombro y empezó a apuntar hacia abajo, cada vez a una diana concreta, para matarnos uno por uno. Me hirieron. Miré a Hélène. Ya no tenía nariz y tenía un agujero en el lugar del ojo derecho» (Pierre-Sylvain). «Conseguí subir al palco, había un hombre detrás de la fila del fondo, me escondió debajo del asiento» (Édith). «Yo llevaba una camiseta blanca, pesaba 120 kilos, una diana estupenda. Me puse delante de Édith pensando que así quizá la protegería» (Bruno). «Oía la matanza sin verla, acurrucada detrás de Bruno en postura fetal, aguardando la muerte. Vi que se abría la puerta en un extremo del palco. El tipo estaba a tres o cuatro metros, muy tranquilo, con zapatillas de deporte blancas» (Édith). «Me dije: vaya, qué pancho está, parece tranquilo. Y luego levantó el brazo y disparó desde el palco hacia la pista» (Bruno). «Y entonces hubo aquella explosión espantosa. Todo era ya espantoso, yo pensaba que no podría serlo más, pero aquello era un grado aún más alto de horror, me dije que era como el 11 de septiembre: el primer avión y, después, el segundo» (Aurélie). «Había pingajos de carne por todas partes. Pensé que ya no quedaba leche en la nevera y que no había pagado el comedor escolar de mi hija» (Édith). «Vi volar lentamente, cayendo sobre nosotros, unas plumas que comprendí enseguida que eran las plumas de su anorak» (Amandine). «Recuerdo el pantano viscoso en el que chapoteábamos, el olor a pólvora y a sangre, y después la explosión, los pedazos del kamikaze que empezaron a llovernos encima. Vi en una alucinación a mi hijo diciendo: "Mamá, tienes que levantarte, tienes que salir"» (Gaëlle). «Un amigo de Bruno vino hacia nosotros, le dijo que la situación se calmaba un poco, que era el momento de huir. Bruno me dijo que me fuera con ellos. Yo le dije que no podía moverme y él dijo: "Vale, me quedo contigo". Y se quedó conmigo. Con una perfecta desconocida. Chapó, Bruno» (Édith). «Oí gritar a los policías: "Evacúen a los sanos", y un hombre que se levantaba me vio la pierna y me dijo que lo sentía muchísimo, pero que no podía ayudarme» (Amandine). «Fue al incorporarme cuando vi la carnicería. La luz cegadora, blanca. El montón de cuerpos, de un metro de alto, me recordó las imágenes de la matanza de Guyana. Toda la pista cubierta de cuerpos enmarañados, imposible distinguir entre muertos y vivos. Y encima de ellos, las volutas de humo: una imagen imposible de asimilar, incomprensible» (Pierre-Sylvain). «Un chico me ayudó a incorporarme, me ayudó a caminar hasta el exterior y luego volvió al Bataclan para ayudar a otros supervivientes» (Aurélie). «Nos hicieron levantarnos y caminar hacia la salida en fila india, con las manos en la cabeza, y nos dijeron que no mirásemos, pero yo no pude evitarlo. El enorme charco de sangre negra y espesa que seguía extendiéndose. Todos aquellos cuerpos que una hora antes estaban bebiendo y bailando. Vi el cuerpo de una muchacha rubia, preciosa, solo conservaba los miembros desencajados. El policía me dijo: "Siga andando, ya no hay nada que hacer"» (Édith). «Yo apretaba mi bolso, tenía mucho miedo de perderlo porque dentro llevaba mi tarjeta sanitaria y la necesitaría cuando estuviese en el hospital» (Coralie). «Supe más tarde que el joven cirujano que me condujo al quirófano con la esperanza de que me reconstruyeran la cara era un amigo de la infancia: no me reconoció» (Gaëlle). «Cuando salí, vi a Bruno quitando trozos de carne del pelo de una mujer que lloraba» (Édith). «Entramos tres y salimos cuatro: todo bien» (Bruno). «Más tarde, justo antes de morir, mi padre me dijo: "Tú y yo consolamos a los demás de las desgracias que nos suceden". Yo habría preferido no tener que consolarlos» (Amandine).

Pisotear, que te pisoteen

La sala Bataclan puede acoger a 1.498 personas, y aquella noche estaba abarrotada. En la pista había cerca de mil espectadores. Estaban de pie, muy apretujados. Cuando se lanzaron al suelo con la esperanza de escapar de las primeras ráfagas, no cayeron unos junto a otros, sino unos *sobre* otros. Voluntaria o involuntariamente, los de encima protegieron a los de abajo. Varios de los que se encontraban debajo han hablado del líquido caliente y pegajoso que fluía sobre ellos sin que comprendieran de inmediato que era sangre. Un superviviente habla de varias capas de cadáveres. Todo se mezclaba, se enmarañaba: este adjetivo, *enmarañados*, aparece a menudo. Una superviviente dice que, cuando los asesinos pararon para recargar sus armas, ella quiso levantarse para huir y se apoyó en el suelo con las manos. Pero el suelo debajo de sus manos estaba blando: no se apoyaba en el suelo, sino en personas, y ya no eran personas, sino cuerpos. En los movimientos desordenados hacia las salidas, unos se vieron obligados a pisotear a los demás al intentar sortearlos por encima. Una mujer de entre los supervivientes dijo que lo peor para ella fue eso: que la pisoteasen. Otros dicen que lo peor para ellos fue haber pisoteado.

La culpa que reconcome a quienes sobrevivieron es por haber sobrevivido: ¿por qué ellos han muerto, por qué yo estoy vivo? Para algunos, la culpa se ha encarnado. Tiene una cara que les obsesiona. La cara de alguien que pedía ayuda, al que quizá podrían haber socorrido y no socorrieron. Ya fuera porque había otra persona a la que auxiliar, alguien querido, alguien que era prioritario. Ya fuese por salvar la piel, porque lo primero era salvarse uno mismo. Los que actuaron así no se lo perdonan. Algunos lo expresan con palabras desgarradoras. Los demás los perdonan, dicen que es algo normal, humano. Se aferran también a que es sabido que muchos actuaron bien, y a menudo más que bien, más allá de lo que exige la conciencia. Las historias de naufragios, de catástrofes, de sálvese quien pueda, suelen revelar lo peor del ser humano. La cobardía, el cada uno a lo suyo, la lucha a muerte por un puesto en los botes salvavidas del *Titanic*. Aquí, apenas. A menos que imaginemos que entre los supervivientes del Bataclan hayan elaborado, más o menos conscientemente, una ficción colectiva de nobleza y de fraternidad –lo cual es posible–, impresionan, testimonio a testimonio, los ejemplos de ayuda mutua, de solidaridad, de valentía. Está Bruno, que no se contenta con proteger a Édith, una perfecta desconocida, con su imponente corpulencia, sino que, cuando se les presenta una posibilidad de huir, le dice: «Venga, vamos». «No puedo moverme», responde ella, y él le asegura con toda tranquilidad: «Vale, me quedo contigo». (Bruno trabaja en atención al cliente en la SNCF, la red ferroviaria francesa, y escucha pacientemente las quejas, solo pierde la calma cuando un tren llega con retraso y le acusan de «tomar como rehenes» a los viajeros.) Está Clarisse, que, seguida por unas cincuenta personas, echa abajo con la energía de James Bond en *Goldeneye* (es ella quien lo cita) un falso techo que da acceso a un escondrijo. A pesar del pánico, dejan que suban primero los más débiles, los aúpan y nadie dice: somos ya demasiados, no podemos admitir a todo el mundo, la barca está llena. Está el comisario de la Brigada Anticriminal, que, por iniciativa propia, con desprecio de su jerarquía, decide entrar con su chófer en el Bataclan a sabiendas, los dos, de que hay muy pocas probabilidades de cruzar las puertas en sentido contrario. Solo tienen armas cortas contra los kaláshnikov, pero el comisario consigue abatir a un terrorista, que se hace estallar él mismo en el escenario, y su acción no es solo heroica, sino eficaz: logra que cesen los disparos, podrá empezar la evacuación de los vivos. Están las parejas que aguantaron, aunque uno de los dos saliera de la matanza inválido o desfigurado.

Simone Weil

«El mal imaginario es romántico, novelesco, variado; el mal real es triste, monótono, desértico, aburrido. El bien imaginario es aburrido; el bien real es siempre nuevo, maravilloso, embriagador.»

Se habla demasiado, y con excesiva complacencia, del misterio del mal. Estar dispuesto a morir para matar, estar dispuesto a morir para salvar, ¿cuál de estos misterios es el más grande?

La OAS

Al mismo tiempo que el juicio del V13, en el tribunal correccional de París se celebra un juicio interesante. Los acusados son seis blancos jóvenes y pobres de Bouches-du-Rhône. Logan Nisin, su jefe, de quien se burlaban en la escuela por su acné y sus tics faciales, fue neonazi (su correo electrónico era «klausbraun», fusionando Klaus Barbie y Eva Braun) antes de abrir la página de Facebook de los «admiradores de Anders Breivik», el racista noruego que en 2011 perpetró la hazaña de matar, él solo, a 77 jóvenes socialdemócratas reunidos en una isla para un seminario. «Yo no lo consideraba un terrorista, sino un miembro de la resistencia», dice Nisin. Partidario de la teoría del Gran Reemplazo (de los pueblos autóctonos por los invasores musulmanes), poco después del 13 de noviembre creó su propio grupúsculo, la OAS, la «Organisation des Armées Sociales» (Organización de los Ejércitos Sociales), como homenaje a la OAS, la «Organisation de l'Armée Secrète» (Organización del Ejército Secreto) de la época de la guerra de Argelia; y, habida cuenta de su juventud, uno se pregunta cómo pudo haber oído hablar de ella. En su página web se leen cosas como «moros, negros, camellos, inmigrantes, chusma, yihadistas..., si tú también sueñas con matarlos, nosotros lo hemos prometido, únete a nuestro grupo». O más sintéticamente: «Reclutamos a cazadores de árabes». Reclutó a una media docena y ejercía sobre ellos una autoridad de lo más sorprendente, porque él mismo se queja de su absoluta falta de carisma. Un rito iniciático que impuso a los afiliados era «reventar» a un moro elegido al azar por las calles de Marsella, pero el proyecto se fue al garete cuando el moro se les escapó sin percatarse siquiera del peligro que había corrido. A pesar de esos comienzos desalentadores, Nisin era ambicioso y soñaba con imitar a grandes modelos: Breivik, ya citado; Dylan Roof (Carolina del Norte, 2015, 9 afroamericanos); Alexandre Bissonnette (Canadá, 2017, 6 musulmanes); Brenton Tarrant (Nueva Zelanda, 2019, 51 musulmanes). Apañó lo mejor que pudo una escopeta de caza para convertirla en un arma de guerra, trató de comprar otras a mafiosos serbios y de agenciarse TATP (el explosivo del yihadista moderno), planeó una gran matanza a la salida de una mezquita y el asesinato de algunas figuras del islamoizquierdismo, entre ellas Jean-Luc Mélenchon, que se constituyó en parte civil en el juicio, aunque aquel proyecto no hubiera pasado de ser un esbozo. En general, Nisin y su banda han planeado mucho y no han consumado nada. Su nocividad indiscutible no ha ido más allá de las meras intenciones y el odio online. Ello no los ha librado de ser detenidos y juzgados bajo la acusación de «asociación terrorista criminal de malhechores». La fiscal que los ha inculpado, apelando a la simultaneidad con el V13, ha resaltado el parecido de sus trayectorias con las de los yihadistas a los que combaten –«Dos caras de la misma moneda», dice ella– y su peligrosidad, latente pero extrema. Los abogados del grupo de Nisin denuncian esta amalgama, la condena preventiva que no se ajusta a derecho. Logan Nisin ha sido condenado a nueve años. Este juicio enseña dos cosas. La primera es que el V13 puso al descubierto fallos de los servicios de inteligencia. A falta de delitos ya cometidos, han dejado en libertad a personas de las que se sabía que se habían radicalizado, habían sido adiestradas en Siria y figuraban inscritas en el fichero de Seguridad del Estado, y la opinión pública no admite ya estas moratorias legalistas: hay que golpear *antes* de que golpeen. La segunda es que la amenaza terrorista está mutando. El próximo gran atentado –puesto que es seguro que habrá otro– muy bien podrían perpetrarlo no ya yihadistas árabes, sino sus émulos y enemigos jurados: los supremacistas blancos.

UN CRUCE DE MIRADAS

Bataclan, decimotercer día

Al salir de *El pianista*, la película de Polanski, recuerdo que dije que me había parecido un poco larga. A lo cual, la amiga que me acompañaba respondió irónicamente: «Bueno, a los que estaban en el gueto de Varsovia también debió de parecerles un poco largo». Es el decimotercer día dedicado a los supervivientes y víctimas del Bataclan, y todavía quedan otros cinco. Hemos escuchado cerca de doscientos testimonios. Estas últimas semanas se han constituido ochenta partes civiles adicionales que están en lista de espera y a las que habrá que escuchar tarde o temprano. No podemos más. Demasiado sufrimiento, demasiado horror. Es muy injusto para los testigos inscritos tarde en el calendario o los que declaran al final de largas jornadas, cuando la atención disminuye y la mitad de la sala se ha marchado ya; pero lo cierto es que el espacio del Bataclan –su pista, sus camerinos, sus pasadizos–, la cronología de la matanza y los recorridos de los supervivientes han sido tan rastreados en todos los sentidos que ya no sabemos cómo acoger unas palabras que, aunque nos siguen dejando pasmados, ya no nos sorprenden. El ambiente alegre del concierto y luego los primeros disparos, que se confundieron con petardos. La certeza de que vas a morir, el instinto de sobrevivir. El olor de la pólvora y la sangre. El que pareciera que los asesinos se estaban divirtiendo. Los cuerpos enredados, los estertores de la agonía, los timbres de los móviles. Las heridas que recibes o que reciben otros, y descubrir lo que puede hacer un kaláshnikov: agujeros grandes como platos en el cuerpo humano. El miedo por el prójimo más que por uno mismo. Atravesar la sala conducidos por la policía, que te dice que no mires, pero no puedes evitarlo, y nunca olvidarás lo que has visto. Y luego la difícil reconstrucción, la pérdida de la despreocupación, la culpa del superviviente. No hay un solo testimonio que no despierte terror y piedad, las emociones propias de la tragedia. Lo que se vuelve más raro, inevitablemente, son las novedades. Pero las hay.

El elegido

Cuando Guillaume se ha acercado al estrado, todo el mundo ha intuido que algo ocurría. Este joven tan apuesto, sereno, reservado y sosegado se ha presentado sin patetismo como «el hombre al que el terrorista estaba apuntando en el escenario en el momento en que llegó el comisario de la Brigada Anticriminal». Recordemos el contexto: los tres asesinos –sus nombres ya se nos hacen familiares: Foued Mohamed Aggad, Ismaël Omar Mostefai y Samy Amimour– entraron en el Bataclan a las 21.48. Necesitaron diez minutos para matar a noventa personas y herir a unas doscientas; después empieza otra secuencia mucho más larga: la toma de rehenes. Cuando suenan los primeros tiros, Guillaume está en la pista e intenta abrirse paso entre los heridos y los muertos hacia una salida de emergencia. Dos de los terroristas suben al palco y siguen disparando. El tercero, Samy Amimour, está en el escenario. Ocurre entonces algo inédito, sin equivalente en los cientos de testimonios que hemos escuchado. Todos en la pista han comprendido que su única posibilidad de supervivencia consiste en evitar toda interacción con los asesinos. Cuando un hombre, al principio, se incorporó y dijo: «Basta ya, ¿por qué hacéis esto?», fue abatido en el acto. Una palabra, eres hombre muerto; un gesto, estás muerto; te suena el móvil en el bolsillo, estás muerto. Y no digamos una mirada. Sin embargo, Guillaume cuenta lo siguiente: «Crucé la mirada con Samy Amimour y él me hizo una señal con los ojos que me indicó que no me mataría, al menos no de inmediato. Me dijo: "Tú estás con nosotros. Levántate"». Pregunta: ¿qué capricho explica que un tipo que mata a todo el mundo sin distinción elija de repente, entre todas sus víctimas potenciales, a alguien a quien da a entender, con una sola mirada, que no va a matarlo? ¿A alguien a quien dice: «Tú estás con nosotros»? «Quizá», dice con calma Guillaume, «porque esa noche no cruzó muchas miradas.» Este ejemplo y el hecho de que salieran vivos de allí los once rehenes retenidos en el palco las dos horas siguientes confirmarían la idea, magníficamente desarrollada por Emmanuel Levinas, de que en cuanto has escrutado el rostro de un ser humano es mucho más difícil matarlo. (Sin embargo, los atroces vídeos de decapitación del Estado Islámico contradicen radicalmente esta idea tranquilizadora.) Otra explicación, que aventuro de puntillas por ser muy políticamente incorrecta, es que Guillaume irradia algo que lo *distingue* de los demás, algo que nos vemos obligados a calificar de aristocrático y que sería el motivo de aquella peligrosa elección. «Me hizo subir al escenario», prosigue. «Desde allí vi la magnitud de los destrozos en la pista. Los otros dos, que estaban en el palco, empezaron a interpelarme: "Eh, tío, ¿qué pintas tú ahí?". Él les dijo: "Tranquilos, está con nosotros". Yo mismo, confiando en calmarlos, dije: "Estoy con vosotros".» En aquel momento Guillaume ignora totalmente el cariz que tomarían las cosas.

«Me sorprendió la actitud indolente, relajada, del terrorista. Sujetaba el arma por la culata, a duras penas, como un juguete, de un modo que me pareció... poco profesional.» ¿Es que el asesino se divierte con él? ¿Es que el jueguecito del gato y el ratón va a desembocar en una ejecución? A las 21.59 aparecen en la entrada de la sala dos siluetas que Guillaume identifica al instante como «benévolas», y no se equivoca, porque las dos siluetas son la del heroico comisario de la Brigada Anticriminal y la de su chófer, que con sus pistolitas irrisorias disparan al escenario y derriban a Samy Amimour. Guillaume tiene el tiempo justo de saltar a la sala y dirigirse hacia la salida de emergencia cuando explota el cinturón del terrorista y llueve sobre la pista un chorro de pernos, de plumas de anorak y de pingajos de carne humana. Silencio. «¿Y después?», pregunta el presidente. «Después es el después.» Pero en ese después también le sucede algo excepcional. El comisario de la brigada se puso en contacto con él y, que se sepa, solo con él. «Ese encuentro», dice, «fue fundamental para mi proceso de reconstrucción. Tuve delante a alguien entrenado para afrontar situaciones delicadas y que me ayudó a tomar distancia de los afectos y los actos.» En otras palabras: después de haber sido elegido por uno de los terroristas fue el único escogido por su salvador. Tras unos segundos de muda estupefacción, el presidente preguntó a Guillaume si estaba recibiendo asistencia psicológica. Con su voz tan bien timbrada y ese tono tan perfectamente neutro que nos ponía a todos la carne de gallina, respondió: «No». Otro silencio. Fin del testimonio.

En casa

Un aforismo cruel dice que siempre tenemos suficiente valor para los sufrimientos ajenos. Es verdad, sin embargo, que en nuestras filas, las de los observadores que no hacemos más que escuchar y transcribir, nos sentimos cada vez peor. Dormimos cada vez peor. Tenemos pesadillas, nos volvemos irritables. Y cada vez es más frecuente que al volver a casa, sin verlo venir, lloremos. (Aunque bien sabe Dios que yo no soy muy llorón.)

DOS PADRES

Las puertas del diálogo

Todos nos proyectamos en estos relatos que escuchamos, pero cada cual de una forma diferente. A menudo es una cuestión de edad. Yo tengo sesenta y tres años, hace muchísimo tiempo que no voy a un concierto de rock, las posibilidades de que hubiera estado aquella noche en el Bataclan son casi inexistentes. Mis hijos tenían veintiocho y veinticinco años en 2015, ellos sí podrían haber estado allí. Me identifico más con los padres que con sus hijos asesinados. Con Nadia Mondeguer, a cuya hija, Lamia, mataron en La Belle Équipe. Con Georges Salines, que perdió a su hija, Lola, en el Bataclan. Médico jubilado, seco, flaco, tiene aspecto de maratoniano: es un maratoniano. Se diría que es calvo para correr más rápido. Asiste al juicio todos los días y para mí se ha convertido en Georges, una de las personas con las que me asocio en esta travesía. En las suspensiones de la vista nos vemos junto a la única máquina de café, que está sitiada o que no funciona. Y aunque los bancos de los periodistas y los de las partes civiles están separados y los gendarmes vigilan para que cada cual permanezca en su perímetro, a veces hacemos trampas y nos sentamos juntos, cordón anaranjado y cordón verde, para comentar la sesión en voz baja. La última vez que Georges vio a su hija fue el viernes 13 a la hora de comer, que él aprovechaba para ir a nadar –también nada– en la piscina de la Butte-aux-Cailles, muy cerca de su consulta. Aquel día se dio cuenta de que había olvidado sus gafas de natación y, al volver antes de lo previsto, se cruzó con Lola, que salía para comer con su colega Manon. No era nada raro, porque las dos trabajaban para la editorial Gründ, justo al lado. Padre e hija se besaron, intercambiaron unas pocas palabras. Quedaron en que ella iría a comer a casa el fin de semana. No le dijo a su padre que por la tarde iba a ir al Bataclan, su hermano era el único que lo sabía. Durante toda esa noche, trataron de tranquilizarse, no con razones mágicas como Nadia Mondeguer, sino con argumentos estadísticos. Anunciaban decenas de muertos, había mil quinientas personas en el Bataclan, realmente sería demasiada mala suerte que ella estuviese en el primer grupo. En última instancia, si había que negociar con el destino, se conformaban con que estuviera herida. Por favor, no muy malherida. Georges calculó después que las probabilidades de ser víctima de un atentado terrorista en Francia son de un 2,2 por millón, mucho menos que las de ganar el premio gordo de la Loto. No ha vuelto nunca a la piscina de la Butte-aux-Cailles. En enero de 2016 fue uno de los fundadores de la asociación 13onze15 junto con Jean-François Mondeguer. Hasta la muerte de este, fueron muy amigos, y sus hijas también podrían haberlo sido. En memoria de Lola ha escrito un hermoso libro de amor y de duelo,[1] y más tarde ha coescrito otro,[2] que ha disgustado al círculo de las víctimas porque se trata de un diálogo con Azdyne Amimour, el padre de Samy Amimour, el terrorista

1. Georges Salines, *L'indicible de A à Z*, París, Seuil, 2016.

2. Georges Salines y Azdyne Amimur, *Il nous reste les mots*, París, Robert Laffont, 2020.

que se explosionó en el escenario del Bataclan. Nos cuesta ya, instintivamente, admitir que los hijos de verdugos no son responsables de los crímenes de sus padres, pero sus padres... Georges dice que también hay que escuchar su desdicha. Que no se combate la barbarie con la barbarie, y que lo que justifica este juicio es el respeto escrupuloso de la norma de derecho. Milita en pro de la llamada justicia restaurativa. Introducida tras el genocidio de Ruanda, la justicia restaurativa consiste en permitir el diálogo entre víctimas y verdugos si lo desean las dos partes: después del juicio, sin finalidad penal, sin publicidad, sin más testigos que los celadores de la cárcel, y con el único objetivo de que cada uno pueda expresar su verdad y progresar en su reconstrucción, si acaso es posible. Para ilustrar esto, Georges ha citado la frase de Guillaume, el joven al que apuntaba con su arma Samy Amimour en el escenario del Bataclan: «Si no me mató, quizá fue porque nuestras miradas se cruzaron». Las miradas que se cruzan, el intercambio, el diálogo: al escuchar a Georges he recordado lo que dijo Salah Abdeslam unos días antes. Dijo algo así: «Bueno, es una pena que haya habido musulmanes entre las víctimas de los atentados, no queríamos eso». Como estas palabras suscitaron una oleada de reprobación, se defendió diciendo que no hacíamos un esfuerzo por comprenderlo y que había que «dejar abiertas las puertas del diálogo». Muchos, y yo el primero, nos quedamos de piedra. Viniendo de él, esa frase me pareció tan irritante como la de Adolf Eichmann, convencido de que un «comité de conciliación» entre supervivientes judíos y criminales nazis permitiría, con un poco de buena voluntad, y si cada bando reconociese sus errores, recomenzar desde bases más sanas. Georges Salines no está de acuerdo. Él también quiere dejar las puertas abiertas. No solo está dispuesto a dialogar con el padre de uno de los tres asesinos de su hija, sino que creo que estaría dispuesto a dialogar con el propio asesino, si no estuviera muerto. Y dialogará si Salah Abdeslam le abre la puerta. Jankélévitch, a quien cita al final de su declaración: «El amor del malvado no es el amor de su maldad, eso sería una perversidad diabólica. Es solamente el amor del hombre mismo, del hombre más difícil de amar».

Defensa del odio

Tres días después del testimonio de Georges le toca el turno a Patrick Jardin, un hombre imponente, desgarbado, que empieza felicitando al comisario de la Brigada Anticriminal por haber matado al «canalla» de Samy Amimour y dice que habría que fusilar a individuos como Salah Abdeslam. Es una lástima que la pena de muerte no exista ya, pero al menos esa gentuza tendrá que pudrirse toda la vida entre rejas antes de arder en el infierno. Dice que el 38 por ciento de los musulmanes franceses aprueba la decapitación de Samuel Paty y que ya es hora de que los poderes públicos extraigan las consecuencias de esta cifra. Dice: «Me acusan de ser rencoroso y es cierto, señor presidente, lo soy, y lo que más me asquea son los familiares de las víctimas que no sienten odio. El señor que ha escrito un libro con el padre de uno de los terroristas me produce vómitos». Obviamente, quienes escuchamos esto no podemos condenar a Patrick Jardin, porque ha perdido a su hija, pero el chorro de furor arcaico que sale de su boca nos incomoda. La civilización consiste en aprender a reemplazar la ley del talión por el derecho, la venganza por la justicia, y Georges Salines es un hombre sumamente civilizado al que me gustaría parecerme si me tocara sufrir una desgracia semejante. De todos modos, hay que reconocer que este furor arcaico que tenemos que aprender a superar existe, pues es forzoso que exista, de lo contrario no seríamos humanos. Antoine Leiris, un joven cuya mujer murió en el Bataclan, ha escrito un libro conmovedor, *Vous n'aurez pas ma haine* (No recibiréis mi odio),[1] cuyo título se ha convertido en un lema. Yo admiro la dignidad de todas esas personas que lo han repetido al desfilar por el estrado, que han dicho que no sienten cólera, que lo único que quieren es un juicio justo, que clamar venganza es dar la victoria a los asesinos; pero en primer lugar pienso que es un discurso demasiado unánime y virtuoso para ser absolutamente sincero, y luego pienso que acallan demasiado deprisa al Patrick Jardin que llevan dentro y que es bueno que al menos se haya escuchado su voz afligida y contraria al perdón, la única entre doscientas cincuenta. «Dicen que soy de extrema derecha, y puede que lo sea, no lo sé; pero, incluso si soy de extrema derecha, ¿acaso mi hija está menos muerta?»

1. Antoine Leiris, *Vous n'aurez pas ma haine*, París, Fayard, 2016.

La víctima 131

Otro Guillaume, más frágil que aquel del otro día que nos dejó de piedra con su relato, también estaba en la pista. Cuando empezó el tiroteo se tiró al suelo entre el revoltijo de cuerpos embarullados. A su izquierda había una chica tumbada de espaldas. Por su manera de mirar al techo comprendió que estaba muerta. Le sobrevino un acceso de temblores incontrolables. Otra joven que estaba a su derecha lo cogió de la mano. En medio del ruido seco y ensordecedor de las ráfagas de fuego, la oyó murmurar, muy cerca de su oído: «Todo saldrá bien… todo saldrá bien…». A continuación, Guillaume empezó a andar, reptó entre algo que describió a sus padres como «barro humano». Se refugió, junto con otras personas, en un palco donde permanecieron dos horas y desde donde lo oyeron todo: el final del tiroteo, la explosión de Samy Amimour, el asalto, los gemidos de los heridos. Cuando evacuaron a los vivos vio la pista. Su padre y su hermano lo encontraron petrificado. Después aparecieron todos los síntomas del estrés postraumático: insomnio, pesadillas, hipervigilancia, ataques de pánico. Los gemidos de la pista lo obsesionan, al evocarlos grita de noche: no cesarán nunca. Se acabaron el cine, los conciertos, el trabajo, los amigos. Su universo se reduce a su habitación en casa de sus padres. Ni siquiera allí se siente seguro. El exterior invade el interior. La amenaza está en lo más profundo de sí. Se ahoga, es un cáncer de pulmón. Le duele el vientre, es un cáncer de esófago. Siente que padece todas las enfermedades. Sería un alivio tener una enfermedad física diagnosticada. Las únicas veces que sale de casa son para que lo lleven de un servicio hospitalario a otro. Radiografías, escáneres, resonancias magnéticas, biopsias, no le encuentran nada. O sí: un delirio hipocondriaco, una depresión melancólica. *Melancólico* es un adjetivo casi elegante, la gente piensa que quiere decir que estás triste, pero no. Los padres de Guillaume no sabían que el sufrimiento psíquico podía ser algo tan atroz. Ven a su hijo hundirse en un territorio lejano, desolado, sin retorno. No pueden hacer nada. Quisieran que se sintiera bien, aunque fuera un bien minúsculo, un fin de semana en el campo, un plato que le gustase, pero nada le hace bien. El último gesto que logró aliviarlo, el último de esta vida que se consume, fue el de la chica que en la pista lo cogió de la mano y le dijo: «Todo saldrá bien, todo saldrá bien». Hoy todavía piensan en aquella desconocida. Se preguntan si habrá sobrevivido, les gustaría poder darle las gracias. En otoño, a Guillaume lo ingresan en un hospital psiquiátrico, siempre convencido de que va a morir de cáncer. Lo escribe en una carta de despedida: «Tengo un cáncer de esófago. La autopsia lo confirmará». El 19 de noviembre lo encontraron ahorcado en su habitación del hospital. Autopsia: no tenía cáncer. Cuando se habla de los 130 muertos de los atentados, su padre dice que olvidan a Guillaume, que tardó dos años y seis días en convertirse en la víctima 131. Gracias a quienes no le olvidan.

Una emoción expulsa a otra, un concentrado de humanidad a otro, una cara a otra: la inmensa psicoterapia de estas cinco semanas que se acaban ha tenido la belleza de un relato colectivo y la crueldad de un casting. Cada uno de los que pasaron por el estrado preparó su texto, invitó a su familia y a sus amigos. Era un momento crucial en su vida. Para sufrimientos sin duda iguales, unos encontraron las palabras justas y conmovieron, los demás enhebraron tópicos y fatigaron. El presidente decía: «Gracias por todas esas precisiones» (fórmula tipificada) y, si de verdad la declaración era emocionante: «Gracias por este testimonio tan emotivo». Desandaban el pasillo y volvían a sentarse con los demás. Las personas del Bataclan tienen esta ventaja en su desgracia: no están solas. Las rodean compañeros. Si han sido rehenes son «potajes», de *potes otages* («compadres rehenes»); emplean esta expresión como un mantra. Quedan para tomar algo juntos. Forman una hermandad, y desde el principio son ellos los que más interés despiertan, hasta el punto de que hay que recordar continuamente que se debe decir «juicio de los atentados» y no «juicio del Bataclan». Los de las terrazas se quejan de que los tienen en menor consideración, pero los grandes olvidados son los del Stade de France. Les han dedicado una sola sesión, la primera, y es una audiencia que nos parece muy lejana. Antes de que abordemos otra fase totalmente distinta del juicio, los interrogatorios de los acusados, me vuelve a la memoria uno de esos testimonios casi apagados: el de aquella muchacha agradable pero triste que formaba parte de un equipo de la tele enviado a hacer un reportaje sobre los hinchas del partido Francia-Alemania. Las entrevistas habían terminado, pero, antes de marcharse, ella se dijo que, para mayor tranquilidad, podrían tomar algunos planos más del ambiente en las inmediaciones del estadio, cosa que le costó caro. Fue entonces cuando la levantó del suelo el soplo de una explosión. Recordemos que los tres terroristas que se explosionaron allí fueron, por suerte, lo bastante estúpidos para hacerlo no en el interior del estadio, al que llegaron demasiado tarde para entrar y donde habrían causado una carnicería, sino en el exterior, donde prácticamente no había un alma y solo mataron a una persona, poca cosa comparada con la tragedia general. No obstante, ese único muerto no está menos muerto, ni sus hijos son menos huérfanos. Hay tuercas entre los objetos que proyecta un cinturón explosivo, y una de ellas se incrustó en la mejilla de Marylin. Podría haberla desfigurado, pero no. Se puede decir que salió bien librada, pero no: la chica alegre que fue ya no existe. Habla como el fantasma de la chica que bailaba, reía y atravesaba Europa con una mochila, la chica que irradiaba amor a la vida. La han despedido del empleo con el que soñaba y que acababa de obtener. Ha roto con su pareja. Ha vuelto a vivir en casa de sus padres, una vida empequeñecida. Ahora está en el paro, sufre insomnio, es asustadiza, se sobresalta al oír el menor ruido, esté donde esté busca la salida de emergencia y, además, a todo el mundo le importa un comino la experiencia que ha vivido. Ah, ¿o sea que fuiste víctima de los atentados? ¿Estabas en el Bataclan? ¿No? ¿En las terrazas, entonces? ¿No? ¿En el Stade de France? ¿Hubo un atentado allí? Ah, no lo sabía. Para asegurarse de recordar lo que todo el mundo ha olvidado, Marylin lleva siempre consigo, en un tubito de plástico, la tuerca de 18 milímetros que le extrajeron de la mejilla. La saca del bolso, delante del tribunal. Dice: «Quiero enseñársela a ustedes, pero me la quedo». La guarda en el bolso y se va, y otros 250 testimonios desfilan después y eclipsan el suyo, pero, aun así, yo no olvidaré a Marylin, que se aleja sola, agradable y triste, tan triste, con su tuerca en el tubo.

Los acusados

TRES HERMANOS

«¿No estamos aquí un poco en los hechos?»

Hablamos del «juicio de los atentados», del «juicio del terrorismo», pero estas expresiones, *juicio de los atentados*, *juicio del terrorismo*, no significan nada: un juicio es el de los acusados, y helo aquí, ya estamos llegando a eso. Durante cinco semanas hemos escuchado los relatos atroces y desgarradores de unas 250 víctimas, y a veces mirábamos hacia el banquillo para preguntarnos qué sentirían esos catorce hombres en chándal que, tras el reflejo del cristal, se miraban las zapatillas deportivas, a la espera de que todo esto pasase, me imagino. Después les ha tocado a ellos el turno, durante una semana. Es poco tiempo, pero solo se trata de los interrogatorios llamados «de personalidad». «Los hechos» los veremos en enero, y también la religión, considerada el primer paso hacia los hechos. La personalidad sin más, disociada de los actos que la expresan, resulta rara, pero la arquitectura del juicio justifica esta rareza. Es tan largo y la materia es tan abundante que se ha decidido dividirla en capítulos, como una novela: personalidad, radicalización, Siria, preparativos de los atentados, consumación de los atentados, huidas... En esta etapa, la prohibición de abordar la religión y los hechos nos induce a pensar en la historia del tipo que empieza a psicoanalizarse diciendo: «Estoy dispuesto a hablar de todo, salvo de mi vida privada». Al final de una jornada de juicio, todo el mundo ha interiorizado su arbitrariedad y sus efectos en ocasiones cómicos. Si se habla de la afición de un acusado a los viajes, está permitido decir que ha estado en España o en Inglaterra, pero no en Turquía: estaríamos demasiado cerca de Siria, y por ende de los hechos. Otro acusado, molesto por una pregunta de los fiscales, puede responder: «¿No estamos aquí un poco en los hechos?». Risas en la sala, sonrisa indulgente del presidente, el fiscal se bate en retirada: bravo. Así que se habla del antes (infancia, hermanos y hermanas, estudios, amores, oficios eventuales...), del después (conducta en el momento de la detención) y, al menos en el capítulo de los antecedentes, los acusados producen la impresión de ser unos buenos chicos un poco descarriados, moderadamente religiosos (aunque estemos al borde de los hechos, es eso lo que sus abogados intentan establecer todo el tiempo), inmoderadamente entregados a la hierba (o al costo, matiz que el presidente domina cada vez mejor), que entran y salen de la cárcel al ritmo pausado de la pequeña delincuencia. «No hemos salido del vientre de nuestra madre con un kaláshnikov», ha dicho Mohamed Abrini. E incluso Salah Abdeslam, la estrella del juicio, que los primeros días los ha punteado de réplicas, digamos, inoportunas, ahora es como si estuviera en una de esas entrevistas de empleo en las que se intentan minimizar pequeños tropiezos de juventud con la policía: educado, sonriendo justo lo conveniente, todos le agradecen que respete las reglas aun cuando, en el fondo, no haya nada que ganar ni que perder.

Molenbeek

El año pasado hice un reportaje en Bruselas sobre una cuadrilla de amigos que abrieron una cuenta bancaria común. Cada uno ingresa lo que gana, retira lo que necesita y, contra todo pronóstico, la cosa funciona. Los promotores de esta iniciativa, casi todos artistas, han transformado en un espacio de *coworking* una antigua fábrica de galletas de Molenbeek, un barrio en el centro de Bruselas que tiene la mala fama de ser el feudo del yihadismo europeo. Como buenos *bobos*[1] –no seré yo el que les lance la primera piedra–, les gustaría describir Molenbeek como un lugar multicultural, pero deben reconocer que es un entorno casi monocultural, el 95 por ciento de sus habitantes son musulmanes, las mujeres llevan *nicab* y hay que decir que las raras tentativas de fomentar el mestizaje, como los cafés donde socializar o las guarderías alternativas, han tenido poco éxito. Sin embargo, no es un barrio peligroso para los *kuffar*, como llaman en árabe a los infieles como nosotros, mis nuevos amigos y yo. Se les ignora, pero no se les amenaza en absoluto. Cuando me llevaron a una calle muy cerca de la de ellos para ver el inmueble donde fue detenido Salah Abdeslam, punto culminante de la *yihad tour* que proponen a los curiosos, no imaginaba que un año más tarde me encontraría en una gran caja de madera blanca, a unos metros del mismísimo Salah Abdeslam, intentando comprender día tras día quién es, de dónde viene, qué tiene en la cabeza. No me imaginaba que escucharía con tan vivo interés a la jueza de instrucción belga Isabelle Panou –una mujer pintoresca, que se parece a la actriz Yolande Moreau– explicando en el estrado del V13

1. Apócope de *bourgeois bohême*, burgués bohemio, coloquial en francés. La expresión, a su vez, procede del inglés *bourgeois bohemian*, acuñada por el periodista canadiense David Brooks. (*N. del T.*)

cómo Molenbeek ha llegado a ser lo que es y cómo el islam radical se ha aclimatado a Bélgica. En 1969, dice Panou, el Gobierno belga tuvo la idea de controlar a su población inmigrante, esencialmente marroquí, otorgando la gestión del culto musulmán a una potencia «neutral» que poseía los medios para financiarlo: Arabia Saudita. Fue una mala idea. Bajo la autoridad de esa monarquía petrolera, a la vez monstruosamente rica y monstruosamente retrógrada, Bélgica y, en especial, Molenbeek se convirtieron en un vivero de islamistas donde se han criado, en la generación siguiente, siete de los acusados presentes en el banquillo y tres de los miembros muertos del comando. En este pueblo de seis kilómetros cuadrados, cuya densidad de población duplica la del resto de Bruselas y donde el paro es tres veces más alto, vivían a dos pasos unos de otros, como muestran los alfileritos azules que indican sus domicilios en el mapa que hace proyectar la jueza Panou. Crecieron juntos, fueron juntos a la escuela, hicieron juntos trastadas inofensivas hasta que se alzó en el horizonte, en 2012, la gran trastada, tenebrosa y magnética, que dio un vuelco a sus vidas.

Ruleta rusa

Debido al orden alfabético, Salah Abdeslam y Mohamed Abrini están juntos en el banquillo y charlan mucho. A veces el presidente tiene que llamarlos al orden. Abdelhamid Abaaoud, el jefe del comando, no está a su lado porque murió, cuatro días después de los atentados, en el edificio okupa de Saint-Denis donde se había refugiado. Los tres eran amigos de la infancia: tres hermanos. Abdeslam y Abrini proceden de familias que este último define como «ni ricas ni tampoco pobres». No son excluidos sociales, no lo es ninguno de los acusados, pero la familia Abaaoud vive claramente más desahogada. Mientras que el padre de Abdeslam, emigrado de Marruecos a principios de los años setenta, como la mayoría de los habitantes de Molenbeek, es conductor de tranvía de la Sociedad de Transportes de Bruselas, el padre de Abaaoud posee más de una tienda de ropa: es un burgués, un hombre importante, que matriculará a su hijo Abdelhamid en una de las mejores escuelas católicas de Bruselas. Salah Abdeslam describe a su propia familia como afectuosa y unida, «gente que nunca ha causado problemas a nadie», y a sí mismo como un chico tranquilo y amable, lo bastante buen estudiante como para haber obtenido sin dificultad un bachillerato tecnológico. Alto, delgado, le gusta vestir bien, tiene aptitud para la réplica mordaz y cierta desenvoltura elegante: gusta. Desde antes de cumplir los veinte años tiene una novia, Yasmina, al parecer muy guapa, muy bien educada, que se ha inscrito como testigo en el juicio, pero que no se sabe si acudirá, no está nada claro. Las cosas no se presentan tan mal para Salah Abdeslam. Mohamed Abrini lo tiene más difícil: peor dotado, menos seductor, hombros de boxeador y cara de garduña, resume su vida en una fórmula gris: «Fracaso escolar, fracaso deportivo, jaque mate». Cuando el presidente le señala que su hermano ha tenido éxito en la vida, Mohamed responde: «Si usted pone en la balanza los que han fracasado y los que han triunfado en Molenbeek, somos 80 contra 20. Están los que han fracasado y los que han triunfado, y yo soy de los primeros». Al principio aprendiz de panadero (de ahí su apodo Brioche), pronto se desvía hacia la delincuencia y, en particular, hacia el atraco de cajas de caudales en garajes (de ahí su apodo Brink's). Abrini es un poco el vasallo de Abdeslam, el amigo fortachón y con pocas luces que no cae bien y al que cuesta que dejen entrar en la discoteca, porque a los tres les gustan las discos. Abaaoud, por su parte, representa en la vida de los otros dos el papel de genio maligno. Minúsculo, feúcho, sonrisita sarcástica, es un payaso inquietante, con bruscos cambios de humor, algunos de los cuales se parecen a los de los pequeños gánsteres en las películas de Scorsese: estás hablando con él tranquilamente cuando de golpe y porrazo te coge del pelo y te estampa la cabeza contra el aceite hirviendo de la sartén chisporroteante. Con el dinero de su padre, Abaaoud circula en un todoterreno, viaja a Marrakech en fin de semana, apuesta fuerte en el casino donde los tres amigos juegan, dice Abrini, «al póquer, al blackjack y a la ruleta rusa». El presidente frunce el ceño: «¿Rusa?». «Bueno, si usted prefiere, a la ruleta», concede Abrini, que no parece haber comprendido el efecto de su lapsus. A Abdeslam y Abrini les cuesta seguir a su amigo manirroto. Enchufado por su padre, Abdeslam entra en la compañía de transportes de Bruselas, pero el trabajo le deprime. Está mal visto trabajar toda la vida en la empresa de mantenimiento de los tranvías por un sueldo que ni siquiera alcanza para un fin de semana digno de ese nombre. No está hecho para eso. Yasmina, su novia, se preocupa: a ella no le van esos fines de semana a los que evidentemente no la llevan y en los que su novio bebe, juega y liga con mujerzuelas *kuffar*. Es una chica de buena familia, una buena musulmana. Recela de la influencia de Abaaoud sobre Salah, y con toda razón. En 2010, los dos amigos intentan un robo fallido. Un año de prisión condicional, un mes en firme. No es terrible, pero suficiente para que Abdeslam ya no sea bien recibido en casa de Yasmina y para que lo despidan de la empresa de mantenimiento de los tranvías; entonces encadena pequeños empleos precarios en negro, pasa de un trabajo interino a otro y acaba resignándose al café que regenta su hermano Brahim, Les Béguines. Brahim es su hermano mayor, menos seductor, mayor corpulencia. Todo el mundo coincide en que tenía una voz gruesa, modales brutales, que ante él te achantabas. Les Béguines es una tasca cutre en la que a ningún *kuffar* se le ocurriría entrar y en la que gandulea, envuelto en una espesa nube de hachís, un pequeño hatajo de camellos o grandes consumidores, con mayor frecuencia ambos, como Mohamed Amri, Hamza Attou y Ali Oulkadi: los segundones del juicio. Al unirse a esta sociedad de pringados, Salah Abdeslam siente haber perdido la vida brillante que llevaba en compañía de Abaaoud. Pero este ha desaparecido porque su padre ha tenido una idea, una tan mala como la del Gobierno belga de confiar las llaves de sus mezquitas a los imanes wahabitas de Arabia Saudita. Creyendo sinceramente devolver al buen camino al hijo descarriado, lo envía a estudiar un año en una escuela coránica de El Cairo, a la sombra de la mezquita Al-Azhar, el corazón del islam sunita. De este modo, Abaaoud parte de Bruselas como un hampón seglar y vuelve como un hampón salafista. Pero aquí abandonamos el terreno de la personalidad y llegamos a los hechos, así que no me anticipo.

COMIENZO DE PARTIDA

Las reglas del juego

Salah Abdeslam jugaba al ajedrez en la cárcel, aunque dejó de hacerlo cuando cayó en la cuenta de que lo prohibía el Corán. En los bancos de la prensa, todos nos lanzamos al teléfono para verificar si es verdad: no lo es. El Profeta solo prohíbe los juegos de azar, cosa que sin duda no es el ajedrez. Es el gran muftí de Arabia Saudita el que los ha declarado *haram* (prohibidos), porque hacen perder tiempo y dinero, y provocan odio entre los jugadores. Yo no diría odio, pero lo que vemos surgir en los primeros interrogatorios se parece mucho al comienzo de una partida de ajedrez, cuando los jugadores mueven sus primeros peones con una idea ya en la cabeza. Resumo las reglas del juego. A cada acusado lo interrogan en primer lugar el presidente y sus asesoras, que velan por permanecer neutrales y técnicos. El turno siguiente corresponde a los fiscales, asimismo denominados la acusación, el ministerio público o la fiscalía. En un juicio representan los intereses de la sociedad. Es en nombre de la sociedad, y no de tal o cual víctima, que interrogan, construyen y al final pronuncian la acusación. Mientras que al presidente lo rodean cuatro mujeres, los tres fiscales son dos hombres alrededor de una mujer: otro rostro de la justicia, más joven. Ninguno tiene más de cuarenta años, y es evidente que los tres son muy buenos. Conocí a la mujer, Camille Hennetier, la primavera pasada, cuando fui a presentarme en la fiscalía antiterrorista. Ella fue, junto con François Molins, la primera fiscal que entró en el Bataclan; hace seis años que vive día y noche enfrascada en este sumario gigantesco, y desde el principio me impresionaron la mesura y la precisión de sus intervenciones. De esta mujer morena y elegante emana una claridad sin aspereza, todo el mundo escucha cuando se levanta para hablar (se habrá comprendido que soy un admirador de Camille Hennetier, y no soy el único). Después de los fiscales van los abogados de las partes civiles, y eso es más confuso. Hay 350, obviamente no comparecen todos al mismo tiempo. Muchos no vienen nunca, o vienen muy rara vez. Veinte o treinta, quizá, están siempre aquí. Ellos representan a sus clientes, sus sufrimientos y no los perjuicios causados a la sociedad, pero también interrogan, de modo que no siempre su función se distingue de la de los fiscales. Algunos de estos abogados me gustan mucho: Sylvie Topaloff, con su hermosa voz ronca, vibrante de rabia e inteligencia; Jean-Marc Delas, desgarbado e indolente, que tiene a gala hablar lo menos posible, alegar lo menos posible, alterar lo menos posible el curso de las cosas: es un abogado taoísta, uno de mis mejores compañeros en los recesos. Por último, los abogados de la defensa: la norma absoluta del procedimiento francés es que la defensa tiene la última palabra. Estos son menos numerosos, por lo general a cada acusado le defienden dos, en vista de la dificultad de dominar un sumario tan enorme. Suman una treintena delante del banquillo y tienen la obligación de estar presentes. Aunque las preguntas puede formularlas el tribunal, los fiscales, los abogados de las partes civiles o los abogados de la defensa, cada cual puede pedir la palabra en cualquier momento, es el doble principio de la contradicción y la oralidad de los debates. Pues bien, ya lo saben ustedes casi todo.

Malhechores terroristas, malhechores a secas

Como los autores de la matanza están todos muertos, los acusados solo son, por definición, cómplices, pero sus grados de complicidad son muy distintos. En lo más alto de la cadena está Salah Abdeslam, que formaba parte del comando, que tendría que haberse explosionado como su hermano Brahim y que es el único que podrá decir si se abstuvo porque su cinturón era defectuoso o porque tuvo miedo o porque en el último minuto pensó que lo que se disponía a hacer no estaba bien. En caso de que se estableciera, este tardío escrúpulo moral podría obrar en su favor, pero no impedirá que pase en la cárcel, si no el resto de su vida, largos, muy largos años. En el medio de la cadena hay acusados que no vienen de Molenbeek, sino de Siria, que no han participado directamente en los atentados, pero que podrían o deberían haberlo hecho, y a los que definen como aguerridos combatientes del Estado Islámico: Osama Krayem, Sofien Ayari, Mohamed Usman, Adel Haddadi; *a priori*, su actuación no es nada banal. Y finalmente, ocupan lo más bajo de la cadena pequeños delincuentes, o ni siquiera delincuentes –Mohamed Amri, Hamza Attou, Ali Oulkadi, Yassine Attar, Farid Kharkhach–, cuyos abogados tienen posibilidades razonables de probar que participaron en el atentado, cierto, pero por una carambola y realmente sin darse cuenta. De hecho, es aquí donde se juega todo: ¿quién sabía qué? El que alquiló un coche o un piso, ¿lo hizo creyendo que amparaba buenos chanchullos no muy legales o lo hizo para aportar, con conocimiento de causa, su contribución a la matanza de 131 personas? Lo que ha hecho, ¿corresponde jurídicamente a una asociación de malhechores o a una asociación terrorista de malhechores? En el primer caso no es demasiado grave: hasta podrá ser excarcelado al cabo de seis años de prisión. En el segundo, se le aplicará la pena máxima, pase lo que pase.

Kamikaz

Algunos envites se nos escapan en estos primeros lances de armas entre los fiscales, que quieren condenar al acusado por pertenecer a una asociación terrorista de malhechores, y los abogados defensores, que dicen: no, asociación de malhechores a secas. Por ejemplo, han dedicado mucho tiempo a establecer si a Yassine Attar lo apodaban Yass. Tras haber leído todos los SMS de su móvil, los fiscales encontraron bastantes ocasiones en las que lo llamaban Yass. Sus defensores, a su vez, puntualizan que hay muchas más veces en las que no lo llaman Yass. Yo no logro comprender el porqué de esta lucha con uñas y dientes hasta que Violette Lazard, mi compañera de equipo de *L'Obs*, me explica lo siguiente: en un ordenador utilizado por la célula terrorista y hallado en un cubo de basura en Bruselas, justo después de los atentados del 22 de marzo de 2016, se menciona muchas veces a un tal Yass, y esta historia del apodo en apariencia inocente es, en realidad, el único punto importante del interrogatorio, el que inclinará la balanza hacia un lado o hacia el otro para determinar la suerte de Yassine Attar. Un poco más tarde le toca el turno a Mohamed Amri, que la noche de los atentados, acompañado de Hamza Attou, fue a París a buscar a Salah Abdeslam para llevarlo a Bruselas. Sus abogados, Negar Haeri y Xavier Nogueras, avanzan sus peones con la esperanza de demostrar más adelante que su cliente no sabía muy bien lo que hacía, que fue a París para sacar a su amigo de un embrollo de coches o de drogas, no, desde luego, de un atentado terrorista, y que lo que lo disuadió de denunciar a Abdeslam cuando comprendió de qué se trataba no fue la solidaridad yihadista, sino simplemente el código moral de los holgazanes de Molenbeek: haga lo que haga un colega, no lo dejas tirado. A base de pequeñas preguntas muy atinadas, Haeri establece: 1) que su cliente es servicial y fiel, un chico en el que se puede confiar; 2) que le gusta ir en coche, siempre colocado porque fuma su primer porro en cuanto se despierta, lo que evidentemente altera un poco su discernimiento. Aquí le releva su compañero Nogueras y avanza aún más un peón preguntando a su cliente si, además de ser servicial, fiel y amante de ir en coche colocado, le gusta hacerlo escuchando música. Lo vemos venir: a los musulmanes integristas, contrariamente a lo que cree Abdeslam, se les permite jugar al ajedrez, pero no escuchar música. «Sí, sí», confirma Amri, «escucho música.» «¿Qué música?» «Rap.» «¿Qué grupos?», insiste Nogueras para meternos en la mollera que es verdad, que es cierto que escucha música. «Pues Kamikaz», dice candorosamente Amri.

La partida no ha hecho más que empezar.

EL DÍA DE HOLLANDE

Un debate

Gran efervescencia este miércoles 13 de noviembre: recibíamos a François Hollande. Todos los periodistas-turistas que vinieron el primer día y se marcharon al siguiente han vuelto y nos obligan a apretujarnos en esos bancos a los que ya nos habíamos acostumbrado. Para caldear la sala mientras aguardábamos la llegada del astro, hubo un extraño y pequeño debate –extraño porque era totalmente superfluo y, al mismo tiempo, de excelente calidad– sobre si el testimonio del expresidente era oportuno en el juicio. ¿Qué luz podía aportar sobre los hechos, la personalidad de los acusados o su moralidad, triple criterio requerido, según me informé en esta ocasión, por el artículo 331 del Código Penal para justificar que alguien sea citado como testigo? Puesto que se había denegado la condición de parte civil a personas que estaban *dentro* del Stade de France, donde no sucedió nada, ¿por qué prestar tanta atención a Hollande, que también estaba en el interior y contra quien, que sepamos, no disparó nadie? ¿Por qué ese favoritismo? ¿Porque era presidente de la República? Respuesta evidente: sí, porque lo era. Y porque fue a él, concretamente, a quien culparon los terroristas. Los oímos decir, en la terrible grabación de audio del Bataclan: «Agradecédselo a vuestro presidente Hollande. Si os matamos es por su culpa, porque es él quien empezó a lanzar bombas a nuestras mujeres y nuestros niños». A pesar de este último cartucho utilizado por los abogados de la defensa, que plantearon este problema inexistente para desencadenar algunos tuits, lo sensato era concluir lo mismo que Camille Hennetier: se juzgará la pertinencia de este testimonio en cuanto lo hayamos escuchado. Y además, ahora que Hollande estaba presente, no iban a pedirle que se volviera a su casa.

Una china en el zapato

Mientras aguardábamos hacíamos apuestas: ¿habrá algún incidente en la audiencia? ¿Saldrá de su cabina Salah Abdeslam, como hacía al principio del juicio y como no ha vuelto a hacer después? Jean-Marc Delas, mi amigo el abogado taoísta, tenía su pequeño guión: en el momento en que Hollande se acerca al estrado, antes incluso de que abra la boca, Abdeslam se levanta y, apuntándole con el dedo, grita: «¡El acusado es él! ¡Es él quien debería estar en el banquillo!». Confesémoslo: por muy partidarios que seamos de la serenidad en los debates, esperábamos algo parecido. No ocurrió nada. Sí: una confusa y de todos modos demasiado tardía agitación de Abdeslam, al que el presidente Jean-Louis Périès cortó de inmediato la palabra porque entre presidentes se echan una mano. Hollande se mostró digno, articulado, un poco rígido pero sin renunciar al humor en ningún momento: la viva imagen de Hollande. Los abogados de las partes civiles le hicieron preguntas respetuosas y en su mayoría inútiles, y él respondió, en síntesis, que si volviera a suceder actuaría de la misma manera. La única que intentó algo fue Olivia Ronen, la joven y belicosa abogada de Abdeslam. Resumo su argumentación. El discurso de los terroristas es que los atentados son una reacción legítima al terrorismo de Estado practicado por Francia, primero en Irak y después en Siria: masacráis a inocentes en nuestro país, venimos a masacrar a inocentes en el vuestro. Ojo por ojo y diente por diente, más valía no empezar. El discurso del Estado francés no es solo que una reacción semejante sería en todo caso inadmisible, sino que, además, el argumento no se sostiene, porque el Estado Islámico amenazó a Francia *antes y no después* de las primeras acciones en Irak. Según la fórmula de Hollande: nos han atacado por lo que somos –el país de la libertad–, no por lo que hemos hecho. Todo el mundo parece estar de acuerdo a este respecto y, sin embargo, es lo que impugna Ronen: «Espere, señor presidente», dice, «veamos de cerca la cronología. El 29 de junio de 2014, desde el minarete de la gran mezquita de Mosul, Abu Mohamed Al-Adnani, portavoz del Estado Islámico, proclama el califato. ¿Estamos de acuerdo?». Hollande no puede no estarlo, es un hecho objetivo, pero se pregunta a qué viene la pregunta. «El 21 de septiembre de 2014, el mismo Al-Adnani hace un solemne llamamiento a castigar a Occidente, a los estadounidenses y sobre todo a los "malvados y sucios franceses". Y ¿cuándo se produjeron los primeros ataques franceses en Irak?» «Pues...», responde Hollande, que se huele la trampa, «a finales de septiembre...» (es decir, después de las amenazas de Al-Adnani). «No», dice Ronen, «el 19 de septiembre» (antes, por tanto). Así pues, Francia ataca al Estado Islámico, y dos días después este anuncia que va a atacar a Francia. Desde el estricto enfoque de la cronología, Abdeslam tiene razón: somos nosotros, los franceses, los que declaramos la guerra a los pacíficos ciudadanos del EI. Es un detalle, rápidamente cambiamos de tercio, pero pensé que Ronen era valiente, con los pocos cartuchos de que disponía, y me pregunté si este detalle, esta china en el zapato de Hollande, no era también un guijarro en el camino de una defensa de ruptura, tal como la teorizó y aplicó con brillantez Jacques Vergès en el juicio de Barbie hace exactamente treinta y cinco años. Ya he hablado de esto y hay muchas probabilidades de que vuelva a hacerlo. El V13 recuerda a menudo el juicio de Barbie. En Lyon entonces, como en París hoy, la puesta en escena fue grandiosa. Transformaron el vestíbulo en un tribunal capaz de acoger a setecientas personas, elevaron la altura de la sala de audiencias, todo se filmó. Quisieron hacer de ese juicio el proceso del nazismo, de la ocupación, de la tortura, un juicio ejemplar ante la historia. Con una salvedad. La salvedad de que estaba Vergès, que empleó todo su talento en esgrimir de todas las maneras posibles un argumento similar al que balbucea Abdeslam: vuestra justicia no vale nada. No la reconozco porque la Gestapo torturó en Francia, de acuerdo, pero Francia torturó en Argelia y nadie piensa en juzgarla. Cada vez que vosotros habléis de nazismo yo hablaré de colonialismo. Y no me digáis que esto no tiene nada que ver, porque no es verdad. No barráis para casa.

El abogado del terror

Es el título del formidable documental que Barbet Schroeder dedicó a Vergès, un personaje novelesco que empezó siendo un valeroso combatiente tercermundista antes de erigirse, a través de la causa palestina, en el defensor de todos los terroristas de los años setenta, de algunos dictadores sanguinarios –pero marxistas– y, la culminación de su carrera, de un verdugo nazi. Agazapado en la penumbra dorada de su despacho, ante sus estatuillas jemeres –tal vez un regalo de Pol Pot–, muestra la sonrisa del gato de Cheshire, la voz meliflua y sardónica: un malvado ideal para James Bond. Barbet Schroeder le pregunta qué recuerdo conserva del juicio de Barbie. Regocijado por la pregunta, Vergès paladea el adjetivo en la boca antes de soltarlo: «¡Euforizante!». Luego da una calada al puro, encantado consigo mismo, y prosigue: «Había cuarenta abogados de partes civiles y yo estaba solo. Lo cual quiere decir que cada uno solo valía una cuadragésima parte de mí. Recuerdo que, antes del juicio, Roland Dumas, futuro ministro de Mitterrand, me dijo que iba a contratarlo una asociación de miembros de la Resistencia. "¿Qué te parece?" Yo le respondí: "No te tengo miedo, pero te lo desaconsejo. Vais a ser cuarenta fulanos repitiendo lo mismo y fingiendo la misma emoción simulada: la dignidad humana... el deber de la memoria... nunca jamás esto... Los tres primeros, si son buenos actores, tendrán un pequeño éxito, pero a partir del cuarto van a decir: '¡Basta! ¡Basta!'". No obstante, Dumas aceptó el encargo, pero yo pregunto: ¿puede decirme el nombre de uno solo de aquellos tenores que yo tenía enfrente? Un juicio es un lugar mágico, una caja de sorpresas. "Nunca jamás esto": lo hemos oído decir cien veces, con la voz trémula, pero en realidad se decían a sí mismos: ¿qué más va a inventar hoy ese cabrón de Vergès...? Eso me divierte, me excita, pero no es solo eso. No soporto que humillen a un hombre. No soporto que a un hombre solo, aunque sea el último de los canallas, le insulte una multitud de linchadores. Un día alguien me preguntó: "¿Usted habría defendido a Hitler?"». De nuevo, la sonrisa de gato. «Respondí: "Incluso defendería a Bush".»

El punto de vista del gendarme

Entrar en el palacio de justicia durante el juicio del V13 es como embarcar en un avión: en dos controles sucesivos muestras tu acreditación y tus documentos, pasas por debajo de unos detectores de metales, vacías tu bolsa y los bolsillos, y, si además tienes una botella de agua, bebes un trago para demostrar que no es TAPT, ese líquido explosivo que los yihadistas llaman «la madre de Satán». Los gendarmes que llevan a cabo estos controles son escrupulosos y notoriamente amables. Toman todas las precauciones que les han ordenado que tomen, pero manifiestan con una cordialidad risueña que *nosotros* no somos su objetivo. ¿Quiénes somos nosotros? Los abogados, los periodistas, las partes civiles, a quienes nadie tomaría por terroristas. Por adiestrados que estén para la sospecha, los gendarmes no adoptan visiblemente una actitud de vigilancia máxima cuando ven acercarse, con su credencial colgada del cuello, a un tipo como yo: sexagenario y blanco, distendido, con pinta de buen ciudadano que no tiene nada que reprocharse y que teme tan poco que lo controlen en el metro que, de hecho, no hay ninguna posibilidad de que lo hagan. ¿Quién sería entonces sospechoso para los gendarmes? ¿Quién los alertaría de inmediato? La respuesta es inconfesable pero cierta: un árabe. Un individuo «de aspecto magrebí», como dicen los informes de la policía, vestido con un chándal o una sudadera con capucha, y si es barbudo aún peor. Entre nosotros no hay ningún individuo así. Los únicos que podemos ver en este juicio están en el banquillo.

El punto de vista del experto

Es la lógica de «ellos y nosotros» en estado puro. Nosotros, demócratas apacibles, personas decentes sobre las cuales el V13 actúa como una poderosa máquina de fabricar comunidad, lazos, identificación. Nos parecemos, nos comprendemos, nos reconocemos. Enfrente, ellos. Ellos, que no se nos parecen, a los que no conocemos, a los que no comprendemos. Todo lo que creemos saber, vagamente, de esos jóvenes opacos, «esos individuos llegados de ninguna parte, emitiendo señales endebles», como los definía el fiscal François Molins, es que quieren nuestra muerte y que, incluso para sí mismos, prefieren la muerte a la vida. Así que nos alegramos de que unos expertos, unos investigadores, vengan a decirnos quiénes son y qué tienen en la cabeza. El primero de esos estudiosos se llama Hugo Micheron. Arabista, profesor en Princeton, treinta y tres años, bien parecido, viste un traje elegante y está tan evidentemente situado en el lado bueno de la sociedad que te preguntas cómo ha podido granjearse la confianza de unos cien yihadistas a los que lleva cinco años entrevistando en los barrios de donde proceden, en Siria, en los lugares adonde partieron y en las cárceles donde están ahora. Pero se ha ganado esa confianza y estoy de acuerdo con Mathieu Delahousse, mi compañero de *L'Obs*, que ya me había recomendado el libro de Micheron, *Le Jiha-*

disme français,[1] y que afirmó con rotundidad al final de la vista que ese chico «nos había iluminado». Una de las numerosas ideas que me han impresionado de su exposición: a un yihadista, nosotros lo consideramos un enigma, un peligro, pero también una víctima, el producto enfermo y cruel de una sociedad enferma y cruel. Para llegar a ese punto, pensamos, tiene que haberlo rechazado, humillado, marginado un sistema socioeconómico implacable que no le deja otra salida que la delincuencia o una religión que ha enloquecido. Micheron no niega que todo eso sea verdad y que algunos de los yihadistas que ha conocido pudieran considerarse víctimas según esa acepción, la que enfatiza la lucha de clases. Pero dice que nunca hay que olvidar que ellos no se consideran ni víctimas ni excluidos sociales. Por el contrario, se consideran héroes, a la vanguardia de un gran e irresistible movimiento de conquista planetaria. Las verdaderas víctimas, a su modo de ver, son los lastimosos musulmanes «moderados», alienados, colaboracionistas, que quieren creer que el islam es compatible con los valores de la sociedad corrupta en la que viven. Son los *kuffar* que –como yo y, me figuro, como ustedes– se las dan de abiertos y tolerantes, mientras que los únicos respetables entre esos infieles son los que se identifican con la extrema derecha, plenamente de acuerdo con los yihadistas en reconocer la incompatibilidad radical de sus respectivas civilizaciones. Hay un orgullo yihadista, una confianza yihadista, que explica por qué los programas de desradicalización dan tan mal resultado. No habría funcionado mejor si el Imperio romano hubiera organizado en el siglo I programas de descristianización: solo habrían servido para exaltar aún más a los candidatos al martirio. Cuando consagras tu vida a un combate justo y glorioso que templará tu ánimo y cuya victoria está garantizada tanto en la tierra como

1. Hugo Micheron, *Le Jihadisme français*, París, Gallimard, 2020.

en el cielo, ¿por qué dejarte convencer para que te unas al bando de los perdedores?

En el país de Sham

Podríamos, deberíamos remontarnos más lejos. A la Hégira, que es la partida de nacimiento del islam, o al final del periodo otomano, pero, como Micheron solo dispone de cuatro horas, empieza su disertación histórica en diciembre de 2010, cuando un frutero tunecino, Mohamed Buazizi, se prende fuego y se inmola porque está harto de la miseria y de la opresión. El fuego se propaga muy rápidamente por todo el país y los países vecinos en lo que se llamó la Primavera Árabe. Muchedumbres vociferantes y alborozadas. Dictadores que huyen: Ben Alí en Túnez, Mubarak en Egipto, Gadafi en Libia. Inmensa esperanza: ¿y si un día, por fin, el mundo árabe se liberase de la alternancia siniestra de militares corruptos y barbudos sanguinarios que culminó en Argelia en los años noventa? El levantamiento se transmite a Siria, pero allí el dictador es más férreo. La represión de Bachar al-Asad es horrible. Manifestaciones pacíficas acalladas con metralletas, torturas, cadáveres en las calles. Para derrocar el régimen, oficiales desertores crean el ESL, el Ejército Sirio Libre. Comienza una guerra civil que causará 500.000 muertos y expulsará del país a la mitad de sus habitantes. Empieza asimismo lo que Micheron llama la «yihadización de la rebelión». Movilizados por internet en toda Europa, jóvenes musulmanes radicales y aventureros cobran conciencia «de que en Siria hay un follón de locos». En la generación anterior habrían ido a Afganistán para apoyar a los muyahidines, ahora desembarcan en ese país al que ya no llaman Siria, sino el país del Sham, país de sangre y fuego, pero también tierra prometida, anunciada por las más antiguas profecías musulmanas. País donde todos vivirán, una vez derrotado Bachar, como en los primeros tiempos del islam, como vivían los compañeros del Profeta. País donde se aplicará la sharía más rigurosa, las manos cortadas a los ladrones, la lapidación de las mujeres adúlteras, el reino de Dios en la tierra, la alegría en el cielo. Algunos llegan al Sham para combatir porque les gusta el combate, otros porque desean sinceramente construir un país, una sociedad, una utopía; como los judíos en Israel, dice tranquilamente un joven yihadista. En este caldero se sumerge, en la primavera de 2013, Abdelhamid Abaaoud, personaje central de esta historia. ¿Se acuerdan de ese golfillo fanfarrón de Molenbeek, el amigo de la infancia de los hermanos Abdeslam, al que su padre envió a una escuela coránica de El Cairo para que sentara la cabeza? En vez de serenarse y regentar las tiendas de la familia, vuelve radicalizado, palabra que todavía no se emplea, o al menos no corrientemente, y parte de nuevo allí donde acontece el «follón de locos». Entre los guerreros y los constructores, su elección es rápida y enseguida encuentra su lugar en la subcategoría de combatientes psicópatas. Hace su aprendizaje en el hospital oftalmológico de Alepo, en cuyos sótanos mantienen prisioneros a rehenes occidentales y donde se codea con un tal Mehdi Nemmouche, que se define a sí mismo como «criminal convertido en limpiador étnico islámico» y que perpetrará en mayo de 2014 el atentado contra el Museo Judío de Bruselas. El conflicto entre el ejército de Bachar, el ESL y Al Qaeda, que es al principio la organización yihadista dominante, se vuelve cada vez más difícil de seguir. Como el enemigo de mi enemigo es mi amigo, el amigo de mi enemigo es mi enemigo, etcétera, uno se pierde aquí, sobre todo cuando a Al Qaeda la suplanta sobre el terreno el Estado Islámico, fundado en el verano de 2013 por Abu Bakr al-Baghdadi. Un año más tarde, el 29 de junio de 2014, su portavoz, Abu Mohamed Al-Adnani, anuncia desde la gran mezquita de Mosul la restauración del califato. Es una proclamación demencial, se mire como se mire. El califato anterior era el Imperio otomano, enterrado por Mustafá Kemal Ataturk en 1924, exactamente noventa años antes. Esos noventa años han sido años desgraciados para los árabes, que han sido humillados, relegados a una mugrienta barriada del mundo, reducidos en los países a los que, empujados por la miseria, parten a buscar fortuna, sometidos a la condición miserable de trabajadores inmigrados, sombras furtivas y sexualmente frustradas, errando, la primera generación, por los albergues Sonacotra de migrantes y, la segunda, sin estar todavía realmente integrados, divididos entre el desprecio y la compasión hacia sus pobres padres, dedicados a vagar ociosos por las calles de su barrio vendiendo hachís y destrozando ascensores. Pero se acabaron los noventa años de desgracia. Los árabes, que han sido durante cinco siglos el mayor imperio del mundo, recuperan su lugar glorioso en la historia. Ya estallaron de júbilo cuando se derrumbaron las Torres Gemelas, ahora el califato existe. Por primera vez en la historia, una organización terrorista reina sobre un gran territorio como Francia, al que todo el mundo puede ir. *Debe* ir, para someter al conjunto del planeta a la ley coránica, como ordenó el Profeta. Organización elitista, Al Qaeda reclutaba ingenieros, intelectuales, teólogos; el Estado Islámico acoge a todo el mundo bajo su bandera negra. Todo el mundo es bienvenido, adolescentes a disgusto consigo mismos, idealistas, botarates, locos de atar, a todos se les promete el paraíso: alojamiento, mujeres, armas, rehenes que torturar para aquellos a los que les gusta hacerlo, y a muchos les gusta. Nombrado emir de la brigada de extranjeros, «un grupo de amigos que matan y decapitan con el buen humor de un campamento de verano» (lo dice la mujer de uno de ellos), el joven Abaaoud se siente pleno y accede a la gloria yihadista mundial gracias a un vídeo que soldados del ESL encuentran en un móvil abandonado y revenden a periodistas de la BFM TV. Al volante de un todoterreno se vuelve hacia la cámara y declara, con su sonrisita irónica: «Antes llevábamos de vacaciones motos acuáticas, quads, motos de cross, grandes remolques con regalos. Ahora arrastramos por el suelo a los *kuffar*». Arranca, en la trasera del todoterreno se ven cables metálicos a los que se han enganchado siete u ocho cadáveres que él remolca por el polvo, luego hay un *cut* (corte) y se le vuelve a ver, siempre muerto de risa, jugando al fútbol con una cabeza cortada. «Dispara, hermano», concluye. «¡Mata a esos *kuffar*, mira a este con esa cara de pitufo!» Con la cabeza cubierta por el *pakol* de los muyahidines afganos, se ríe a carcajadas, tiene cara de tipo malvado, satisfecho de su broma. Entusiasmados por ejemplos semejantes, toda clase de gente que no sabía nada de la yihad viaja a toda prisa al Sham. A los que leen las cláusulas en letra pequeña, en la última línea de los contratos, se les enfría el entusiasmo cuando descubren en los formularios de llegada: «Fecha y lugar de la muerte». Muchos van a dejarse matar sin saber siquiera si los matarán los fieles al régimen vigente, los rebeldes o sus propios jefes. Dice Micheron que el Estado Islámico es el único ejército del mundo que no da ningún valor a la vida de sus soldados. Da igual que mueran: si mueren como mártires, irán derechos al paraíso. En cambio, la situación es difícil para los que quieren marcharse. Muchos de los que llegan exaltados se ven metidos en una trampa. Entras, pero ya no sales. Micheron habló mucho, acelero. Los años 2015-2016, con la enorme oleada de atentados en Europa, constituyen el cénit del Estado Islámico. Después, los bombardeos de la coalición se intensifican. Uno tras otro, matan a los grandes jefes yihadistas. El califato se desploma en 2017. En 2018, Vladímir Putin anuncia el final de la guerra. A partir de 2019, el problema que empieza a plantearse es el de la repatriación de los yihadistas franceses que aún están en la zona, y sobre todo de sus mujeres e hijos. Otro capítulo.

En 2017 Europa salió de un periodo paroxístico de atentados tan súbitamente como había entrado en él en 2015. Quisiéramos creer que esa barbarie arcaica y artesanal ha quedado relegada al mundo de antaño. Pero Micheron explica que en la historia del yihadismo hay periodos de repliegue y periodos de expansión. Sístole y diástole, como en toda historia, empezando por la del Profeta que predicó en La Meca a escondidas y en secreto para algunos compañeros antes de comenzar en Medina su carrera pública y su portentosa serie de conquistas militares. Lo que perdió al Estado Islámico, analizan los pensadores de la yihad –los hay–, fue la precipitación. Fue haber creído que había llegado la etapa medinista cuando todavía estaban en la etapa mequista. Aunque una pequeña vanguardia heroica estaba preparada, no lo estaba la masa de los creyentes, ni siquiera ese 10 por ciento de esa masa que habría dado un vuelco a las cosas. Se impone un repliegue táctico, hace falta una base y esa base es la cárcel. Es el laboratorio del yihadismo de los años 2020. Para una población carcelaria cuya mitad es musulmana, la llegada de un centenar de «retornados», investidos del prestigio de la aventura siria, tuvo un efecto devastador. Al principio los diseminaron por diversos presidios donde ejercieron tal influencia que todos los presos comunes en Fleury-Mérogis aullaron de alegría durante horas cuando informaron de la matanza de Niza, el 14 de julio de 2016: un tarado al volante de un vehículo-ariete mató, él solo, a 86 personas en el paseo de los Ingleses, ¿quién lo supera? Intentaron entonces otra política, el reagrupamiento, y crearon las UPRA –Unidades de Prevención de la Radicalización–, cuyo nombre da que pensar: ¿quién espera *prevenir* que se radicalice gente que ha sido aleccionada en las fuerzas de choque del Estado Islámico en Siria? Dilema del sistema penitenciario: ¿cómo separar a los yihadistas del resto de los presos a los que podrían contaminar sin generar nuevas sinergias en esas ENA[1] del terrorismo que son las unidades específicas? Palabras de retornados recogidas por Micheron: «Nosotros, en cuanto somos más de tres, nombramos un emir»; «Atención, nosotros los yihadistas acabamos de entrar en la cárcel: es un hecho inédito en Europa. ¿Dónde se han reconstruido históricamente las organizaciones islamistas? ¡Siempre en la cárcel! ¡Es en la cárcel donde se curra!»; «La cuestión es cómo va a evolucionar el yihadismo en los diez años siguientes. Yo tengo la certeza de que el próximo Adnani es europeo e incluso francés, y que está en este momento en una prisión francesa». (Al-Adnani, al que mataron en agosto de 2016, era el portavoz y el ideólogo del Estado Islámico. Fue él quien, en respuesta a los primeros bombardeos de la coalición internacional sobre Siria e Irak, pronunció el 21 de septiembre de 2014 el discurso citado por Olivia Ronen durante la comparecencia de François Hollande: «Si podéis matar a un infiel norteamericano o europeo, en especial a los malvados y sucios franceses, ¡contad con Alá! ¡Golpeadle la cabeza con una piedra, degolladlo con un cuchillo, aplastadlo con su coche, arrojadlo desde un lugar alto, estranguladlo o envenenadlo!».)

¿El libro desde el principio?

Al escuchar a Micheron, con su perspectiva de historiador, vuelvo a pensar en una frase sorprendente pronunciada por Salah Abdeslam al principio del juicio y que no fue respondida, que yo sepa: «Todo lo que ustedes dicen sobre nosotros, los yihadistas, es como si leyeran la última página de

1. École National d'Administration, donde se forman los cuadros dirigentes de Francia. (*N. del T.*)

un libro. Lo que habría que hacer es leer el libro desde el principio». No sé de dónde sacó una imagen tan potente, pero hasta hoy es una de las dos respuestas que recuerdo a la pregunta periódicamente formulada: ¿qué esperan de este juicio? La otra la enunció un superviviente del Bataclan, Pierre Sylvain: «Espero que lo que nos ha sucedido llegue a ser un relato colectivo». Escribir ese relato, leer el libro desde el principio… son dos ambiciones inmensas. Fuera de nuestro alcance, sin duda. Pero estamos aquí para eso.

El café conspiratorio

En el lenguaje policial se llama «matorral conspiratorio» a la siniestra espesura de debajo de la autopista A86 que fue el penúltimo refugio del jefe del comando, Abdelhamid Abaaoud, antes del piso okupa de Saint-Denis donde fue abatido por la RAID.[1] También se les llama «pisos conspiratorios» a los pisos francos de los terroristas. Este adjetivo se ha convertido en un *private joke* entre los seguidores del juicio. Somos unos cuantos los que llamamos «café conspiratorio» a un determinado bistró de la plaza Dauphine donde nos reunimos antes de una vista: «A las 11.30 en el café conspiratorio, ¿de acuerdo?». Estas bromas no las hacen solo periodistas propensos al humor negro, sino también partes civiles, exrehenes del Bataclan… un grupito informal de personas que tienen en común asistir todos los días porque el V13 les parece tan adictivo como un serial. Sin embargo, desde hace una semana hay que estar *muy* enganchado para venir a diario. A finales de no-

1. Siglas de Recherche, assistance, intervention, dissuasion (Búsqueda, asistencia, intervención, disuasión), unidad de élite de la Policía Nacional francesa. Sus miembros son conocidos como «ninjas». (*N. del T.*)

viembre hemos entrado en una estación árida del juicio en la que intervienen investigadores de la DGSI (Direction Générale de la Sécurité Intérieur), de la DGSE (Direction Générale de la Sécurité Extérieur) y sobre todo de la policía belga, que evidentemente tiene cosas interesantes que decir, pero a la que escuchamos, por su seguridad, protegida por el anonimato, es decir, por videoconferencia y con el rostro pixelado. En los bancos de la prensa, los compañeros suspiran.

La gendarmería de Vesoul

De todos modos, escuchamos a Bajolet. Bernard Bajolet, por entonces jefe de la DGSE, los servicios franceses de inteligencia exterior, es un sexagenario de color gris pared que podría ser el modelo de Jean-Pierre Darroussin en *Oficina de infiltrados*. Como buen jefe de espías, no le gusta la luz; no obstante, ha comparecido en persona y a cara descubierta. A la pregunta sobre su domicilio, responde: «Digamos que la gendarmería de Vesoul». Naturalmente, nos hemos reído, pero la continuación no ha sido tan divertida. Lo que él cuenta sin rodeos y sin escaquearse es que sus servicios la cagaron. Desde principios de 2014 se sabe que Europa y en especial Francia sufren la amenaza de los atentados masivos y organizados, y conocemos a varios de los futuros terroristas: a seis o siete, dice fríamente Bajolet, de los diez miembros del comando. El más peligroso de ellos es Abdelhamid Abaaoud, al que hemos dejado al volante de un todoterreno arrastrando por el polvo cadáveres de infieles. El vídeo lo convirtió en el héroe de sus amigos de Molenbeek, que lo proyectan continuamente en el café Les Béguines como si hubiese ganado el festival de Eurovisión. La hazaña también le reportó galones. A comienzos de 2015 entra en la Copex, la célula del Estado Islámico que se dedica a las operaciones terroristas en el extranjero. Justo antes que Bajolet declaran dos agentes de la DGSI, cuyos nombres codificados son 948SI y 1310SI, y detallan el organigrama de la Copex. Fuertemente estructurada y jerarquizada, la dirige un tal Oussama Attar –el hermano de Yassine Attar, que está en el banquillo de los acusados–, pero es Abaaoud el que recluta y forma a los candidatos para las operaciones suicidas que se preparan en Europa. Es él el jefe operativo. Los servicios franceses, y no solo los franceses, lo saben tan bien que en enero de 2015 se juntan con la policía federal belga, la CIA y el Mossad para arrinconarlo en Atenas, donde acordonan un barrio entero. Pero no lo atrapan y, a partir de entonces, Abaaoud desaparece del radar. La DGSE y la DGSI convienen en pensar que está en algún lugar de Siria y esperan que una bomba acabe cayéndole encima. Nadie duda de que Abaaoud moviliza a distancia desde Raqa a toda la banda de Molenbeek y de que desde el verano coordina el regreso a Bélgica desde Siria de los miembros del futuro comando. Nadie ve cómo se desarrolla todo esto. Nadie presta mucha atención al testimonio de un pequeño yihadista que, detenido al regresar de Siria, en agosto de 2015, desembucha con la esperanza de reducir su condena y explica muy claramente lo que Abaaoud se dispone a hacer: «Elegir un objetivo fácil, donde haya gente. Una sala de conciertos, por ejemplo. Y lo que puedo decirles», asegura Reda Hame, «es que va a suceder muy pronto». Total, un fracaso en toda regla que Bajolet reconoce con una honradez triste, que impresiona bastante.

Los investigadores belgas

No se dirá lo mismo de los investigadores belgas. Se esperaba mucho de sus declaraciones, porque es en Bélgica donde se han preparado los atentados, ocho de los acusados son belgas y han sido perseguidos y detenidos en su país, de modo que, aunque los atentados hayan tenido lugar en suelo francés, el V13 es, en principio, una historia belga. Estos investigadores no lo han hecho mejor que sus homólogos franceses, más bien peor, pero, a diferencia de estos últimos, esquivan las preguntas, desvían las responsabilidades –«Ah, no, no era mi servicio, los colegas se lo explicarán mejor que yo...»– y no han tenido el valor de comparecer físicamente en el juicio. Así pues, será en una sala de reuniones de un edificio administrativo de Bruselas, y con voz en off, donde desfilarán sus PowerPoints, a veces animados con imágenes en las que, para ilustrar un viaje de Estambul a Ámsterdam, se ve a una avioneta volar de una bandera turca a otra neerlandesa. La seguridad lo impone, alegan sus jefes, salvo que, como señala Olivia Ronen, la abogada de Abdeslam, no han tenido los mismos pudores para aparecer en la televisión belga. Resultado: hayan tomado la decisión ellos mismos o por consejo de sus abogados, cinco de los acusados han anunciado que ellos tampoco comparecerán. En consecuencia, hasta nueva orden, los debates prosiguen ante el banquillo medio vacío.

Cinco sillas vacías

Es un auténtico problema que unos acusados se nieguen a personarse. Tienen derecho a negarse, no se les puede obligar, pero, además de que así hacen perder a la vista parte de su interés, la prolongan notablemente. No se puede empezar sin haber enviado a un agente judicial que los conmine a asistir, y sin aguardar luego a que el agente vuelva con las manos vacías. Este jueguecito dura media hora que cada cual ha integrado en su planificación: a partir de ahora, las audiencias comienzan por su suspensión. En fin. Voy con pies de plomo debido a la presunción de inocencia, pero en todo caso se puede decir que los cinco acusados –Salah Abdeslam, Mohamed Abrini,

Sofien Ayari, Osama Krayem y Mohamed Bakkali–, que, al igual que Klaus Barbie en otra época, han optado por la política de la silla vacía, son los peces más gordos de este juicio. Se puede debatir sobre su grado de implicación en los atentados del V13, pero no sobre su condición de terroristas. Así que en el banquillo ya solo quedan los subalternos, los que tienen posibilidades de no salir demasiado mal parados penalmente y que por ese motivo se tientan la ropa. Y luego están los tres que no se sientan en el banquillo, sino delante del mismo: Abdellah Chouaa, Ali Oulkadi, Hamza Attou. Estos tres me intrigan. Los miro, sentados en fila en sus asientos plegables. Tienen aire de perros apaleados, de alumnos que han suspendido un examen. Si uno le habla al otro en voz baja, el tercero estira el cuello, temeroso de quedar al margen. A veces se ríen. Toman notas. Llegan y se van como nosotros. Te los cruzas en el vestíbulo, en los pasillos. Se escabullen. Un día la audiencia empezó con retraso porque para empezar es preciso que todos los acusados estén presentes y faltaba Hamza Attou. Todo el mundo lo esperaba. Cuando por fin llegó, muy compungido, explicó que no era culpa suya, el metro se había quedado parado entre dos estaciones. «Por esta vez pase», dijo el presidente con esa actitud de director de colegio paternalista que a veces lo hace tan amable, «pero en adelante tome precauciones.» Cuando lo escuchamos contar su vida durante el interrogatorio de personalidad, no nos quedan ganas de ser malos con Hamza Attou. Ni tampoco con Ali Oulkadi y Abdellah Chouaa. Estos tres quizá no sean unos santos, pero solo figuran en el sumario por casualidad y me pregunto cómo viven la espantosa mala pata de verse al lado de terroristas peligrosos en este juicio gigantesco que contempla el mundo entero. Qué vida llevan durante estos nueve meses. Dónde viven, qué temen y qué esperan, qué les dicen a sus familias. Sí, me lo pregunto y, si me atreviera, me gustaría preguntárselo a ellos.

TRES ASIENTOS DELANTE DEL BANQUILLO

Lejos de Molenbeek

Siempre es de noche cuando Abdellah Chouaa sale del juzgado. Desde que está en París planea ir a ver los Campos Elíseos, pero está lejos, no se atreve, tiene miedo de perderse o de que lo reconozcan, y por el momento se limita a este único trayecto: la línea 14 hasta Saint-Ouen, la 13 hasta la basílica de Saint-Denis y luego el autobús 53 para llegar a su casa. Su casa es un cobertizo detrás del chalé de una señora mayor cuyo salón está obligado a atravesar. Diez metros cuadrados, 600 euros al mes. Solo, sin familiares, sin nómina y con apuros difíciles de confesar, no habría encontrado nada así sin la ayuda de su abogado, y se puede decir que al menos en ese sentido tiene suerte. Pero tiene que pagar otro alquiler de 700 euros en Bélgica, al cual hay que añadir la gasolina para ir y volver los fines de semana, y también la comida, aunque haga las compras en Bruselas, donde es más barato, y los gastos de una familia con tres hijos. Su madre y sus hermanas lo ayudan un poco, cada una le da 50 euros mensuales, pero eso no va a durar indefinidamente. Antes tenía un oficio de verdad, entregaba en el aeropuerto los bloques de hielo que se meten en la bodega de los aviones, hoy malvende los domingos ropa de dudosa procedencia en los mercadillos. En negro, ha confesado ante el tribunal, que no ha tenido ánimos para reprochárselo. El día que charlamos acaba de vender su coche: 3.700 euros con los que tendrá que apañarse hasta el final del juicio, en mayo. Suponiendo, por supuesto, que al final del juicio no lo encarcelen de nuevo: sería una catástrofe tal que prefiere no pensarlo.

«Unos amigos de papá han hecho tonterías muy grandes»

Como Hamza Attou y Ali Oulkadi, Abdellah Chouaa comparece en el V13 bajo control judicial, acusado pero no detenido, y está obligado a presentarse en todas las audiencias. Día tras día, estos tres vecinos treintañeros de Molenbeek, pequeños delincuentes habituales, perseguidos por la mala suerte, se sientan delante de la cabina acristalada donde están los «auténticos» catorce acusados. Él, Abdellah Chouaa, no se vuelve nunca para mirarlos ni hablarles. No quiere tener nada que ver con ellos, y menos aún con su examigo Mohamed Abrini, pez gordo del sumario, por culpa del cual se encuentra aquí. Abdellah Chouaa tuvo la desgracia de llevarlo en su coche al aeropuerto bruselense de Zaventem el 23 de junio de 2015, y después la de ir a recogerlo a París el 16 de julio. En este intervalo recibió de él frecuentes llamadas de teléfono procedentes de números exóticos de Laos, Bután, Guinea o Rusia, en realidad locutorios de Siria. Durante la instrucción ha jurado que no sabía que Abrini viajaba a Siria, que creía que estaba de vacaciones en Turquía. Pero Abrini, en lugar de minimizar su participación, como podría haber hecho fácilmente, no ha dejado de resaltarla: ¿cómo podía ignorar Chouaa el motivo de ese viaje y su radicalización, notorios en todo Molenbeek? No quiero pronunciarme sobre el fondo, pero que hayan puesto en libertad a Chouaa y a los otros dos al cabo de unos meses detenidos significa que sus fechorías no son tan graves. Son suficientes, sin embargo, para que comparezcan en el V13 y para que su vida se haya convertido en una pesadilla. Abdellah Chouaa le dice a su hijo mayor, de diez años, que vuelve a casa únicamente los fines de semana porque ha encontrado un trabajo seguro en París, pero teme continuamente que un compañero de escuela vea su foto en el periódico y le suelte al pequeño delante de todo el mundo: «¿Así que tu padre es un terrorista?». Quizá debería hacer como Ali Oulkadi, que ha reunido el valor para explicar a su hija primogénita, también de diez años, que unos señores han hecho tonterías muy grandes y que papá conocía a uno de ellos y por eso tiene serios problemas.

Un plato de pasta en un cobertizo

Ali Oulkadi es el hombre del último kilómetro, el que la mañana del 14 de noviembre de 2015 trasladó de un lugar a otro de Bruselas a Salah Abdeslam, a quien Hamza Attou (junto con el tercero en discordia, Mohamed Amri) había llevado desde París aquella noche. Nadie sospecha realmente que sean terroristas, pero es innegable que han ayudado a huir, por amistad, a uno de ellos. Hamza Attou y Ali Oulkadi frecuentaban en Molenbeek el famoso café Les Béguines, propiedad de Brahim Abdeslam. Pasaban la mayor parte de su tiempo fumando hachís y, de forma ocasional, vendiéndolo. Abdellah Chouaa, aunque tenga como ellos modestos antecedentes penales, se empeña en desmarcarse discretamente de sus dos compañeros de infortunio. Mientras que todos los acusados cultivan el mismo atuendo de chándal y zapatillas de deporte, él lleva un traje de color claro, demasiado ligero para la estación, y debajo de la camisa blanca un jersey con cuello de cisne, también blanco: el aspecto de un agente inmobiliario respetable o de un vendedor de telefonía, no el de la chusma. Todos los días, los tres se encuentran a las 11.30 delante del palacio de justicia, donde entran escoltados por gendarmes y seguidos por miradas curiosas que los atemorizan. Ali Oulkadi no tiene la suerte de tener un techo fijo, como Abdellah Chouaa. Va de un hotel Formule 1 a otro, a tenor de las ofertas promocionales, y a veces, cuando no aguanta más, Abdellah Chouaa lo hospeda en su cobertizo. Recalientan un plato de pasta, Abdellah, como es diabético, se pone la inyección de insulina, y después los dos se tumban en la cama y se cuentan la vida con que sueñan cuando todo esto haya terminado: una casa, un empleo más o menos fijo, ver crecer a sus hijos. Los porros solo el fin de semana.

Nino y Marius

El otro día, Ali Oulkadi y yo aprovechamos una suspensión de la vista para charlar sentados en un banco de un pasillo del juzgado. Él me explicaba lo terribles que habían sido para ellos las cinco semanas de testimonios de las partes civiles. Casi todos los días, alguien, un padre o una madre de luto, se dirigía al banquillo de los acusados y les increpaba metiéndolos a todos en el mismo saco, como si ellos, Abdellah Chouaa, Ali Oulkadi y Hamza Attou, hubiesen ametrallado con kaláshnikov a sus hijos. Tenían que reprimir el impulso de levantarse y gritar: «Pero ¡yo no estoy con ellos! ¡Yo no he hecho nada!». En aquel momento se nos acercó una señora para decirme que leía y apreciaba mis crónicas. Parte civil, quería saber si yo me acordaba de su testimonio. No, por desgracia, seguramente había coincidido con alguno de mis raros días de ausencia. Confiando en refrescarme la memoria, dijo: «Subí al estrado con mis dos nietos». Entonces intervino Ali Oulkadi: «Nino y Marius». No sé si la señora lo reconoció o no, pero en todo caso ella le sonrió y lo confirmó: «Sí: Nino y Marius». Mientras ella se alejaba, un resplandor de pura alegría iluminó la cara de Ali porque alguien le había hablado con normalidad, y repitió en voz baja «Nino y Marius», como si el nombre de esos pequeños cuyo padre fue asesinado en el Bataclan fuese el de sus propios hijos y como si le concedieran fugazmente, tal vez por error, pero ya era algo, el derecho a llorar por ellos, como todo el mundo.

¿QUÉ ES PEOR?

Detención preventiva

A las 21.57 horas, mientras jirones de Samy Amimour, pulverizado por su cinturón explosivo, llovían como confeti sobre la sala Bataclan, Azdyne Amimour, su padre, veía en la TF1 el partido entre Francia y Alemania, que continuaba como si no ocurriese nada en el Stade de France. Para evitar el pánico, ningún anuncio interrumpió la retransmisión. Los espectadores que la seguían fueron los últimos franceses informados de las matanzas que, sin embargo, habían comenzado media hora antes en las puertas del estadio. Azdyne se acuerda de una detonación al principio del segundo tiempo, de un titubeo extraño de Patrice Evra en el terreno de juego y luego nada especial: solo al final del partido, que ganó la selección francesa, se enteró de lo que había sucedido. Llamó a su mujer para asegurarse de que no le había pasado nada a su hija menor, que esa noche había salido con unas amigas. Azdyne dice que no sospechó ni por un segundo que Samy pudiera estar implicado en los atentados, por la razón paradójica de que se había ido a hacer la yihad a Siria: si estaba en Siria, no estaba en París. Así que no se inquietó demasiado hasta que, la noche del 15 al 16, una decena de hombres vestidos de ninjas forzaron su puerta y los esposaron a él, a su mujer y a su hija para llevárselos a la sede del DGSI. Allí lo interrogaron durante cuatro días sin que él –dice– comprendiera el porqué. Únicamente al final de su detención preventiva el fiscal le notificó, primero, que su hijo había muerto en el Bataclan y, segundo, que a su vez había matado a sangre fría y hasta con cierto buen humor a varias decenas de personas.

Verdades y mentiras

Naître coupable, naître victime (Nacer culpable, nacer víctima) es el título de un libro de Peter Sichrovsky publicado en 1991: una recopilación de entrevistas cruzadas a hijos de deportados e hijos de nazis. ¿Es igual el peso que les abruma? ¿Sus sufrimientos son igualmente dignos de compasión? Para responder que sí a estas dos preguntas quizá haya que hacer un esfuerzo, pero es un esfuerzo que la moral y la razón exigen: los hijos no son responsables de los crímenes de sus padres. A la inversa es menos cierto: de un hijo que se convierte en un asesino sospechamos que su familia tiene algo que ver. Por eso, a Azdyne Amimour no solo le pidieron explicaciones cuando el viernes pasado compareció en el juicio para aclararnos el recorrido de su hijo, sino que le pidieron cuentas. Vestido con una chaqueta vieja de arpillera, es un hombre de setenta y cuatro años, fatigado, evasivo, pero también «tranquilo y relajado», como se describe él mismo, lo cual no causó buena impresión, como tampoco el hecho de que, al aceptar la silla que le ofrecieron, se instalara en ella a sus anchas, como si estuviera en un bistró. Entre Francia y Argelia ha desempeñado un poco todos los oficios, cine, moda, pequeño comercio, con altibajos, coches bonitos y quiebras. No es pobre, en cualquier caso, ni un musulmán rigorista: rara vez va a la mezquita, y no ha llevado a sus hijos. Hasta se disfrazaba de Papá Noel en Navidad. Dice que Samy era un niño dócil, cariñoso, un poco triste, y después un adolescente introvertido cuyo malestar él percibía sin saber cómo ayudarlo. Esperaba que se le pasara, la mayoría de las veces se pasa. Pero no se pasó. Lo que ocurrió, en cambio, fue ese proceso horriblemente estereotipado que tantos padres, musulmanes o no, refieren con el mismo sentimiento de impotencia y que se llama «radicalización». Samy no solo empieza a rezar, sino a explicar a su padre que, si sus asuntos no van bien, es porque no reza y vive como un infiel. Samy adopta el *kamis.* Acumula en su cuarto folletos que se titulan «¡Sí! Me he convertido al islam», «Cómo aumentar mi fe» o «Los signos del fin de los tiempos». Repite que los judíos fueron los culpables del 11-S. Todo esto no entusiasma a su padre –aunque sobre el último punto también alberga dudas–, pero prefiere no atosigar al chico. Prefiere pensar que es mejor que se quede en su habitación siguiendo por internet a los predicadores salafistas que que salga a beber y drogarse. Cuando Samy parte a Siria, en el otoño de 2013, Azdyne hace todo lo posible para creer que va allí en misión «humanitaria», y produce estupor en todo el mundo cuando en el juicio, al hablar de Jabhat al-Nosra, la filial siria de Al Qaeda, a la cual su hijo ha ido a afiliarse, la denomina una «asociación». Aun así: es cada vez más difícil ocultarse que todo esto huele mal. De esa hilera de kaláshnikov que se ven detrás de Samy cuando habla por Skype, el chico dice que no son suyos, sino de unos amigos, lo cual no es nada tranquilizador, nos decimos que vaya amigos más raros tiene: dos años más tarde se sabrá que era la banda de torturadores, al mando de Abaaoud, en la que reclutarán al comando del 13 de noviembre. En junio de 2014, Azdyne tiene un arrebato. Toma la decisión valiente, un tanto alocada, de viajar también a Siria para traerse a su hijo. En torno a este viaje, que de todos modos es un fracaso, hay un pequeño misterio. Azdyne lo contó a su regreso en una entrevista en *Le Monde* donde volvemos a encontrar todos los giros obligados de los relatos de padres de yihadistas: la espera en la frontera turco-siria, las negociaciones con los pasadores, los cambios de vehículos, la entrevista con el emir de la *katiba* (batallón)... Más tarde, poco después de los atentados, cambió su declaración y confesó a los investigadores de la DGSI que, aunque llegó hasta Turquía, no puso los pies en Siria. Más tarde aún, volvió a la primera versión: «Estuve allí». La mantuvo en el juicio, a costa de no pocas incoherencias y bajo el fuego cruzado de las preguntas cada vez más agresivas formuladas por los abogados de ambas partes. Fue la fiscal Camille Hennetier la que, impecable como siempre, recordó que Azdyne era un testigo, no un acusado, y añadió que su mentira a la DGSI era pueril pero humana y perdonable: en ese contexto, ¿quién se jactaría de haber ido a Siria? Estoy de acuerdo con ella y creo en la escena central del relato de Azdyne: su desolado encuentro en el pedregal sirio con el glacial Samy, que camina con muletas y se ha pasado definitivamente al otro bando. Azdyne regresa, con el corazón destrozado, primero a Turquía y después a Francia. No volverá a ver a su hijo. Su cuerpo, en la morgue, ya no será un cuerpo. Y las últimas imágenes que existen del niño triste al que llevaba los regalos disfrazado de Papá Noel son el vídeo reivindicativo del Estado Islámico donde se le ve riéndose mientras decapita a un prisionero.

Dos padres, de nuevo

Ya he hablado de Georges Salines, cuya hija, Lola, fue asesinada en el Bataclan, y con quien simpaticé durante el juicio. Dos años después de los atentados, recibió de Azdyne

Amimour una carta que decía: «Quiero hablar con usted de este trágico suceso, porque yo también me siento una víctima debido a mi hijo». La petición, al principio, dejó atónito a Salines, pero la aceptó. La amistad que entablaron desembocó en un libro a dos voces, *Il nous reste les mots* (Nos quedan las palabras). Dos padres de luto se hablan. Puesto que había tres tiradores, hay una posibilidad entre tres de que el hijo de uno dispara la bala que mató a la hija del otro. Al leer su diálogo te preguntas: ¿qué es peor? ¿Tener un hijo asesino o una hija asesinada? Tengo la impresión de que es Salines, sobre todo, el que se hace esa pregunta vertiginosa. La siguen otras, que surgen en cascada: en el lugar de su interlocutor, ¿él habría salido más airoso? ¿Habría sabido detener a su hijo en el camino al desastre? ¿Con qué palabras, qué actos? ¿Y yo, si mis hijos o mi hija...? No lo sé, nadie lo sabe. Lo único que sé es que a medianoche del 20 de noviembre de 2015, Azdyne Amimour y su mujer fueron liberados de la detención preventiva, que tomaron un taxi para volver a su casa, que durante todo el trayecto permanecieron silenciosos y que jamás han vuelto a hablar de su hijo.

EN EL CAFÉ LES BÉGUINES

Que caiga la T

Es el objetivo de los abogados cuyos clientes están acusados de ATM (asociación terrorista de malhechores). Que caiga la T representaría rebajar el delito a AM, asociación de malhechores a secas, que se castiga con penas mucho menos severas. Estos últimos días del año, antes del descanso de dos semanas en el juicio, le han dado muchas vueltas al famoso café Les Béguines, regentado por Brahim Abdeslam en Molenbeek. ¿Quién lo frecuentaba? Prácticamente toda la banda, ya fuese como camareros, camellos o simples parroquianos; muchos eran las tres cosas a la vez. ¿Qué ocurría allí? ¿Veían vídeos del Estado Islámico? Sí. Brahim los ponía continuamente en su ordenador y bajaba la pantalla cuando un extraño entraba por casualidad. ¿Y los demás? ¿También los veían? ¿Había –en palabras del sumario belga– «sesiones de visionado» de esas imágenes atroces: la decapitación del periodista norteamericano James Foley; el piloto jordano abrasado vivo en una jaula, y la que preferían todos porque conocían al protagonista, Abdelhamid Abaaoud, su amigo de la infancia, su hermano, riéndose al volante de su camioneta, con su carita de diablillo psicópata, mientras arrastra un racimo de cadáveres por el polvo sirio y los invita a ir a reírse con él? Y Mohamed Amri, Hamza Attou, Ali Oulkadi, que trapicheaban con drogas en Les Béguines y de vez en cuando echaban una mano en el local, ¿se sentaban en círculo alrededor del ordenador para comulgar religiosamente con ese espectáculo, que es lo que evoca la expresión *sesión de visionado*, y lo que trata de establecer la fiscalía? ¿O bien, como sostienen sus abogados defensores, hacían su trabajo detrás del mostrador, paseando por la superficie de la pantalla la mirada indiferente con que mira un partido de fútbol la gente a la que no le gusta el fútbol? ¿Eran criminales por contigüidad, así como otros son víctimas de rebote? Otra pregunta, cargada de consecuencias para ellos: ¿bajaban al sótano? Allí se encerraba Brahim para mantener largas conversaciones por Skype con Abaaoud, que había empezado a organizar los atentados en Raqa. Lo tienen crudo aquellos de quienes se demuestre que bajaban al sótano con Brahim: ninguna posibilidad de que les quiten la T.

«Se lo preguntamos»

Después de los atentados, nuestros amigos los investigadores belgas registraron Les Béguines con una hoja de ruta muy concreta. En uno de los «pisos conspiratorios» utilizados por Salah Abdeslam durante su huida encontraron un tenedor con huellas de ADN de Ali Oulkadi, que lo ayudó en el último tramo de su fuga. A primera vista es un detalle que puede parecer decisivo, pero la defensa de Oulkadi argumentó que, con toda seguridad, el tenedor procedía del café, donde todo el mundo manipulaba los cubiertos. Así pues, los investigadores que, a saber por qué, no pertenecían a la sección antiterrorista, sino a la brigada financiera, cumplieron su misión y precintaron 31 tenedores cuyo análisis no reveló nada concluyente. Y luego volvieron a su casa. El acta que redactaron indica que el registro del café donde se organizó, a lo largo de varios meses, toda la logística de los atentados duró en total quince minutos. El agente 446906682 de la PFB (Policía Federal Belga) que compareció para dar explicaciones –o, mejor dicho, que no compareció, ya que testificaba desde Bruselas por videoconferencia, y pixelado– pasó un mal trago, sobre todo cuando le preguntaron por qué su equipo no había tenido la curiosidad de bajar al sótano. «¿Ah, sí? ¿Había un sótano?» Uno o dos días después, es el turno de su colega 440232779. En febrero de 2015, sus servicios interrogaron a Brahim Abdeslam, en posesión de un folleto titulado «El permiso de los padres para hacer la yihad» y sospechoso de planes terroristas. Y después lo dejaron en libertad. «¿Por qué?» «Porque», responde el policía, «nada en su interrogatorio nos indujo a pensar que tenía esos planes.» «Pero ¿cómo llegaron a esa conclusión?», se asombra el presidente. «Pues porque se lo preguntamos.»

«Son buenos, los Clain»

Así que veían vídeos de ejecuciones en el café Les Béguines. También escuchaban *anashid*, himnos yihadistas cuya música se parece mucho al rap, con letras como la siguiente:

> Hay que golpear a Francia,
> es hora de humillarla,
> queremos su sufrimiento
> y millares de muertos.

Este *nashid* (Nadia Mondeguer me enseñó que el singular era *nashid*, y el plural, *anashid*) fue compuesto, interpretado y difundido desde Raqa por los hermanos Fabien y Jean-Michel Clain para festejar la matanza de *Charlie Hebdo*. Figuras históricas del yihadismo francés, responsables de la propaganda del Estado Islámico, muy probablemente murieron durante su desbandada en 2019, pero, como no se sabe con certeza, forman parte, ausentes, de los acusados en el juicio, de aquellos que el presidente ha lamentado que no respondieran a su convocatoria «sin un motivo válido». Peces gordos, en todo caso, hasta el punto de que un periodista al que tengo aprecio, pero que me ha hecho jurar que no le nombraría si mencionaba estas palabras, dijo con una mueca entusiasta cuando hablamos de ellos: «Son buenos, los Clain». Dedicamos dos largos días a reconstruir su historia, que comienza en 1999. Familia católica del Orne: la madre es catequista, los chicos holgazanean, trapichean y rapean en un barrio de Alençon. Su hermana, Marie-Diana, que accedió a testificar desde su celda en la cárcel, los describe embargados por un vivo anhelo de espiritualidad. Buscan un sentido a la vida, no lo encuentran en la Biblia. El cura de Alençon no tiene nada que ofrecerles. Alguien les habla del Corán y ahí se produce el milagro: en quince días se convierten todos, la primera la madre catequista. Versión extremista del islam: las paredes de la vivienda se cubren de fotos de La Meca, del techo cuelgan telas para dividir en dos las habitaciones: una parte para los hombres, la otra para las mujeres. Ellas usan el burka, que por entonces es aún infrecuente y que le vale a la familia, en las calles de Toulouse adonde se ha mudado, el apodo de «clan de los Belfegor». Toulouse, al igual que la región de Charleroi en Bélgica, es una de las cunas del salafismo europeo. Allí Mohamed Merah asesinará en 2012 a tres militares franceses y a un profesor y tres niños en una escuela judía. La familia Clain se relaciona con la familia Merah y rinde a ese héroe del islam un culto en gran medida compartido en todas las cárceles francesas. Los dos hermanos tienen facilidad de palabra y son sinceros, carismáticos, sobre todo Fabien: en un cuarto de hora, este grandullón cordial y risueño te convence de que Alá te ama y de que es la respuesta a todas las preguntas que te haces, a todas las miserias de las que te quejas. Al estallar la guerra civil en Siria, el primero que se alista es Jean-Michel, lo sigue Fabien y, después, toda la familia: la madre, la hermana, la sobrina Jennifer, que, a su vez, también declara desde la cárcel. Su testimonio te deja helado: toda una vida consagrada al islam duro, sin haber podido elegir nunca. Jennifer abandonó la escuela a los catorce años, su madre y sus tíos la casaron a los quince con un salafista de Bayona de su misma edad. Él le hará cinco hijos seguidos. «No íbamos a Siria a hacer la guerra», dice ella, «sino a construir un país, a criar a nuestros hijos, a vivir nuestra religión en una tierra islámica y piadosa. Yo no veía al EI como una organización terrorista.» Para apoyar esta visión idealista, describe Raqa bajo la bandera negra: la casa donde secuestran a las mujeres y a los niños, el mercado de esclavos, las ejecuciones en la plaza pública, difundidas en plena calle en pantallas gigantes. «¿La gente las aprobaba?» «Sí, toda la gente que había allí las aprobaba. Y si no las aprobaba, nunca lo habría dicho, era demasiado peligroso.» «Entonces ¿qué la impulsó a abandonar el EI? ¿Las vejaciones? ¿El piloto jordano? ¿Los hombres decapitados lentamente a cuchillo, con las manos atadas?» «No, francamente, eso para mí no era un problema. Me parecía totalmente normal.» «¿Qué hacían sus tíos allí?» «Hacían música. Jean-Michel cantaba y creo que Fabien era ingeniero de sonido...»

«Corre hacia tu presa como un león rugiente»

Otro *nashid* de los Clain que reivindica los atentados del 13 de noviembre:

Avanza, avanza, avanza.
No retrocedas. Nunca capitules.
Avanza, no te detengas, invicto guerrero,
mata espada en mano
a las huestes del diablo sin vacilaciones,
que sangren incluso en sus habitaciones,
ve derecho sin miedo hacia la felicidad,
el campo de batalla y el campo de los honores.
Ya no más polémica ni filosofía,
o los matas o te matan, perdido está
quien se opone a la sharía en provecho propio
por mucho que pretenda vivir en santidad,
corta pues las cabezas de los ignorantes,
córtales la cabeza a los soldados errantes,
ya que en esta guerra todo puedes ganarlo,
tu sangre y tu sudor van un día a atestiguarlo,
combate hasta el encuentro con el omnipotente,
corre hacia tu presa como un león rugiente.

BAJO EL SOL DE ROJAVA

«¿De vacaciones al Estado Islámico?»

Salvo cuando toda la familia se pasa al otro bando, como ocurrió con los Clain, las historias de radicalización se cuentan desde el punto de vista de los familiares aterrados, y se parecen mucho. Narro deprisa, pues, el primer capítulo del relato que me hicieron Anne y Pierre Martinez, un matrimonio sexagenario, docentes ambos, agnósticos, abiertos, tan poco preparados como cabe pensar para que su hijo Antoine, a los dieciocho años, empiece a retirar con una expresión de asco los trozos de chorizo de la paella (Pierre es *pied-noir*, de origen español), después se deje una frondosa barba, después adopte el *kamis*, después presente a sus padres a Safia, una chica muy joven que usa velo, con la que se acaba de casar por lo religioso y que todavía no ha terminado el bachillerato cuando da a luz a su primer hijo. Anne y Pierre se preguntan qué lazo podrá existir con un niño educado según valores tan alejados de los de ellos, pero, contra todo pronóstico, las cosas no van tan mal. Antoine y Safia les confían muy a menudo al pequeño Nadim, que adora a sus abuelos y al que ellos adoran. No se les permite beber vino delante del niño, pero sí decorar el árbol de Navidad. Han descubierto el concepto tranquilizador del «salafismo quietista» y se repiten que su hijo es uno de los que lo practican, que, evidentemente, preferirían que no lo hiciera, pero que, al fin y al cabo, es un mal menor, y no se alarman cuando la pequeña familia de salafistas quietistas, a la que recientemente ha llegado otro hijo, parte de vacaciones a Italia en el verano de 2015. Comienza el segundo capítulo, mucho más negro que el primero. Al principio Antoine y Safia no cuentan dónde están, luego dicen que no están en Italia, sino en Siria, bajo la bandera negra del Estado Islámico. A continuación, Antoine explica que es fantástico vivir bajo esa bandera, que viven en Mosul, en un piso agradable, en la parte iraquí del califato, y que sí, que hay problemas, violencia, pero que dentro de unos meses todo va a estabilizarse y papá y mamá podrán venir de vacaciones. «¿De vacaciones?», se atraganta Pierre. «¿Al Estado Islámico?» A partir de ese verano, los Martinez llevan una doble vida. Colgados del teléfono, ya no duermen, solo hacen confidencias a quienes comparten su desgracia, entran en el mundo cruel de los padres de yihadistas, que se cuentan las etapas de la radicalización de sus hijos, intercambian las escasas noticias que reciben y sus contactos con la DGSI. De una llamada a otra, el entusiasmo de Antoine por el califato y la perspectiva de unas vacaciones familiares en Mosul se desmoronan. Mientras a él le imparten una formación militar, Safia y los dos pequeños le aguardan en una *madafa*, una casa reservada a las mujeres: *reservada* significa que están allí secuestradas. A veces separados, a veces reunidos, sin que nunca sepan por qué, pronto ya no intentan ocultar que se mueren de miedo, y mucho más por el EI que por las tropas de Bachar. Todo el mundo tiene miedo en Mosul. Cuando nace el tercer hijo, Antoine dice a sus padres, sollozando: «No quiero que mis hijos vivan aquí, queremos volver, queremos rendirnos». Encuentra un pasador, pero, antes de llegar a la frontera turca, el individuo los deja a los cinco en la cuneta y se lleva el dinero. Detienen a Antoine.

Estamos en 2018, es el caos total, la caída del califato, un periodo tan peligroso que a los Martinez les alivia saber que Safia y los niños están ahora en un campamento de prisioneros controlado por los kurdos, en la región desértica de Rojava, en el nordeste sirio.

En el campamento

Un campamento de prisioneros, piensan al principio, es un lugar relativamente accesible y organizado donde entran la Cruz Roja y las autoridades consulares. Los niños van a ser repatriados; los padres serán encarcelados, desde luego, pero la situación se puede gestionar. Los Martinez multiplican los trámites en el Ministerio de Asuntos Exteriores, pero les informan de que Francia ha roto las relaciones diplomáticas con Siria y no pueden hacer nada. Nada. Safia ya no tiene móvil, está prohibido en el campamento, pero a veces le prestan uno; no les tranquiliza saber que a Nadim, el día que cumple ocho años, una banda de niños macilentos y salvajes le pegan, lo apedrean, lo arrojan dentro de un contenedor de basura. Está aterrorizado, ya no sale de la tienda. A Safia, a la que insultan y amenazan mujeres que han permanecido fieles al Estado Islámico, tampoco le llega la camisa al cuerpo. Los Martinez envían todo el dinero que pueden, que tiene que pasar por varios intermediarios cada vez menos legales, con el doble riesgo de que los estafen y los persigan por financiación del terrorismo, pero es la única solución para que los niños tengan agua mineral en vez de esa agua insalubre que produce disentería en un campamento donde todo el mundo camina literalmente entre la mierda, y para que reciban complementos alimenticios y pañales... porque Safia acaba de dar a luz a un cuarto hijo. Pasan todo el día dentro de las tiendas, a ras del suelo, salen lo menos posible porque fuera es peligroso, hay robos, violaciones y agresiones. Como las estufas de queroseno pueden provocar incendios, las apagan por la noche, cuando hace 10 grados bajo cero en invierno, pero más de 40 grados en verano. En mayo de 2019, Antoine es condenado a muerte por un tribunal de Bagdad. Según las últimas noticias, está en una cárcel donde se hacinan sesenta o setenta presos en celdas de 60 metros cuadrados. Los Martinez hacen entonces algo audaz: se van a Siria enganchados a una ONG austriaca y, al final de un calvario hecho de una serie de despachos, vasitos de té muy azucarado y *bakshishs* (propinas, mordidas), obtienen el papel sellado que les permite llegar al campamento de Roj, con sus maletas llenas de regalos y libros de texto escolares. Dejan entrar a los austriacos, pero no a ellos ni tampoco a sus maletas. Los guardias turcos son bastante amables, lo lamentan mucho, pero no, los franceses no pueden entrar: órdenes de arriba. Vuelven al día siguiente y pueden ver a Nadim y a dos de sus hermanos a través de la alambrada, los besan desde el otro lado: no pensaban que experimentarían en su vida algo tan desgarrador. El encuentro dura cinco minutos, luego llegan los guardias con metralletas y se llevan a los pequeños, que lloran. Antes de marcharse, Pierre rodea el campamento a pie, bordeando la alambrada: el recorrido dura menos de un cuarto de hora. Dentro de ese perímetro se desarrolla toda la vida de sus nietos. El último, nacido en el campamento, nunca ha conocido otra cosa.

Un vertedero de yihadistas

Los Martinez vuelven frustrados, conmocionados, pero algo esperanzados porque en Francia, en las más altas esferas del Estado, se está preparando todo para repatriar a madres e hijos; las madres serán juzgadas por tribunales franceses, los niños entregados a familias de acogida. Y entonces se publica un sondeo que revela que esos retornos inquietan a la mayoría de los franceses. El proceso se paraliza de inmediato. Le Drian, el ministro de Exteriores, viaja a Bagdad con la esperanza de endosar el expediente a Irak, que le responde que ellos no son un «vertedero de yihadistas». Desde 2019 las repatriaciones se hacen, según la fórmula oficial, «caso por caso», es decir, arbitrariamente, con cuentagotas y separando a los niños de las madres, cosa que no hace ningún otro país. Quedan en el campamento alrededor de doscientos niños franceses que no han elegido tener padres yihadistas y crecen en la indigencia, la violencia y, a menudo, el culto a un padre al que consideran un mártir. Son espantosamente infelices y, por supuesto, potencialmente peligrosos, lo cual incita a pensar a una parte de la opinión pública que más vale dejar que se mueran donde están. Cabe pensar lo contrario: que repatriarlos no es solo un deber humanitario, sino una precaución de seguridad. Es lo que piensan no solo los abuelos, sino también decenas de magistrados, políticos, de paidopsiquiatras como Serge Hefez, a quien conozco y aprecio, de abogadas como Marie Dosé, a la que he conocido en el V13 porque defiende, junto con Judith Lévy, a Ali Oulkadi. Marie Dosé es una abogada muy comprometida, muy volcada en esta lucha. A través de ella y de su bufete he conocido a los Martinez. Sus amistades y ella multiplican en vano llamamientos, peticiones, advertencias. Los responsables a los que abordan miran para otro lado, dicen que no es tan sencillo. Es complicado, por supuesto, nadie dice lo contrario, pero pienso, como Anne, Pierre, Marie, Serge y sus amigos, que entre hacerse cargo de los niños, con todas las dificultades que entraña, y abandonarlos bajo el sol mortífero de Rojava, sin otro destino que el de convertirse en bombas humanas, ciegos de odio por el país que los ha abandonado, la primera opción es mejor que la segunda; y aunque yo no me distingo por firmar muchas peticiones, esta sí la firmo.

TAQIYYA

Guardar silencio

Nueva ronda de interrogatorios de los acusados. Al principio de la vista, el abogado de Osama Krayem solicitó la lectura de una carta en la que su cliente manifestaba lo siguiente: «Nadie está aquí para intentar comprender y no creo que expresarme acerca de lo que se me reprocha cambie en absoluto la decisión del tribunal. He tomado la decisión de guardar silencio hasta el fin de los debates». Así pues, su interrogatorio ha consistido en una serie de preguntas formuladas, en el orden habitual, por el presidente y sus asesoras, los fiscales, los abogados de las partes civiles y, por último, la defensa. Eran preguntas largas y minuciosas, al final de las cuales miraban al acusado, por mera formalidad y por si acaso había cambiado de opinión. Pero no, él permanecía impasible y mudo, miraba al vacío sin pestañear. Cabe preguntarse cuál de estas dos estrategias de ruptura es la más eficaz: negarse a comparecer o comparecer y negarse a hablar. A mi entender, la segunda: en una presencia física silenciosa hay algo profundamente desequilibrante. Argumentas contra un muro. De rasgos finos, pelo negro, largo y lacio, con la raya en medio, y de barba abundante por debajo de la mascarilla, Osama Krayem es un individuo de treinta años, de nacionalidad sueca, criado en Malmö por una familia siria, libanesa o palestina –no está claro, en él nada lo está–, y que al final de una adolescencia dedicada al fútbol empezó a practicar su religión asiduamente. No por ello acepta la palabra *radicalización*: «En la religión», dijo en el tiempo en que aún hablaba, «lo tomas todo o lo dejas todo. Si el Corán dice que algo es justo, pues es justo, aunque el resto de la humanidad diga lo contrario». En agosto de 2014, en respuesta al llamamiento de Abu Mohamed Al-Adnani, que acaba de proclamar el califato, Krayem viaja a Siria para «una labor humanitaria», como atestigua su presencia entre los quince barbudos que, en traje de faena, asisten a la ejecución del piloto de caza jordano quemado vivo en una jaula, el más atroz de los vídeos atroces del Estado Islámico. En la primavera de 2015, se fija en él Oussama Attar, el jefe de las operaciones exteriores del califato, de quien aprende, según una carta a su hermana, «cosas asombrosas», y se propone «realizar el acto que más y mejor va a satisfacer a Alá». El acto que más y mejor va a satisfacer a Alá es una operación suicida, ideada por los grandes jefes de la Copex y organizada en Raqa por Abdelhamid Abaaoud, con vistas a la cual abandona Siria a mediados de septiembre de 2015. Provisto de un falso pasaporte sirio, entra en Europa por Grecia en compañía de Sofien Ayari y Ahmad Aljald, otros dos combatientes formados en Siria. Los tres se dirigen a Viena, donde Salah Abdeslam va a recogerlos el 3 de octubre para trasladarlos a Bélgica; me adelanto al decir esto: no hemos llegado todavía a este punto. En realidad, Krayem solo está indirectamente implicado en los atentados parisinos. Él se reservaba para el del metro de Bruselas, el 22 de marzo de 2016, pero, al igual que Salah Abdeslam, desistió en el último minuto de activar la bomba que transportaba en la mochila, y es poco probable que nos explique por qué.

Como su hermano y su hermana no han respondido a las citaciones, la defensa de Osama Krayem solo ha encontrado un testigo que declare a su favor: un profesor belga jubilado, colaborador voluntario en cárceles, que durante cuatro años le dio clases de francés: 175 lecciones de una hora y media –es decir, 260 horas cara a cara, ha calculado él– que le confieren cierta autoridad para hablar de su alumno. ¿Qué dice este hombre que viste una parka gris y es él mismo un poco gris, pero apacible y preciso? Que empezaron estudiando el cómic de Tintín *La oreja rota* (en el que aparece el general Alcázar) y siguieron con *El principito*. Que Krayem le pareció reflexivo, ecuánime, preocupado por que lo considerasen un chico de fiar, honesto, respetuoso con la palabra dada. Un alumno de buena voluntad con quien se estableció a lo largo de los años un lazo de aprecio y de confianza. «Con independencia de las cosas horribles que ha cometido, el señor Krayem es una persona de gran humanidad»: esta frase suscitó una oleada de reprobación. La humanidad de quien ha formado parte de la brigada más cruel del Estado Islámico, ¿no es la misma que la del comandante de Auschwitz que era, *además*, un padre cariñoso y un marido solícito? «Quizá», ha dicho el profesor con una suavidad inquebrantable. «No minimizo la gravedad de sus actos, únicamente les hablo del hombre al que he frecuentado durante cuatro años. Quizá no sea el tipo más popular, pero es decente y humano. Si queremos vivir en democracia, tiene que haber personas que hablen a favor de los acusados en los juicios.» Tiene que haberlas, sí. Pero otro abogado ha leído este pasaje de una carta de Krayem a su hermano: «Los infieles son nuestros enemigos. Ódialos con toda tu alma, pero no lo demuestres». Los rasgos de decencia y de humanidad que resaltaba este profesor investido de una probidad candorosa y vestido con un goretex gris, ¿no eran pura y simple *taqiyya*?

Los que seguimos el juicio ya empleamos el término como si fuera algo que conociéramos de toda la vida. Algunos abogados abusan de la expresión. En vez de decir «mentira» dicen *taqiyya*, que es más fino. Sin embargo, la *taqiyya* no es exactamente lo mismo que la práctica totalmente habitual de que un acusado mienta al juez de instrucción. Históricamente, la *taqiyya* es el fingimiento que practica el creyente cuando no tiene la libertad de vivir su religión a la luz del día. Así lo hacían los musulmanes y los chiitas bajo los califas abasidas del siglo VIII, y los musulmanes y los judíos marranos en la España católica del siglo XV. Los yihadistas de hoy, que se mueven como submarinos en una sociedad a la que odian y que aspiran a destruir, han convertido este fingimiento en una segunda piel. Para engañar a los infieles hay que mezclarse con ellos, aparentar que son musulmanes amables, deseosos de rezar sin molestar a nadie, en el respeto del pacto republicano. La *taqiyya* es un poderoso motor de paranoia que angustia las noches de jueces y policías antiterroristas: tener un aspecto inofensivo, o sinceramente arrepentido, ¿no constituye la prueba de que eres monstruosamente peligroso? Es como en la vieja película de ciencia ficción de los años cincuenta *La invasión de los ladrones de cuerpos*, donde extraterrestres maléficos toman posesión, uno tras otro, de los habitantes de una aldea pacífica. Nada permite distinguir a los verdaderos terrícolas, si aún quedan, de quienes los han reemplazado. Detrás del rostro familiar de tu vecino puede esconderse un frío monstruo. En su versión rigorista, el islam prohíbe tomar alcohol, fumar, jugar en un casino, perseguir faldas, escuchar música. ¿Qué hará, para dar el pego, un yihadista que se apresta a actuar? Tomar alcohol, fumar, jugar en el casino, perseguir faldas, escuchar música, como los kamikazes del 11 de septiembre o, en nuestro caso, como Salah Abdeslam.

A finales del mes de agosto de 2016 pasé un tiempo en la islita griega de Leros. Para intenso descontento de sus habitantes, se había convertido en un *hotspot* que acogía y clasificaba a los inmigrantes, principalmente sirios, que huían del régimen de Bachar al-Asad. Dirigiendo un taller de escritura conocí un poco a cinco de esos inmigrantes, muy jóvenes, y anoté lo mejor que pude los relatos que hacían de su odisea. Caminatas agotadoras, hambre y sed, pasadores codiciosos y a veces traicioneros, travesía de Esmirna a Leros a bordo de una zódiac sobrecargada, desinflada a medias, con el consiguiente peligro de morir ahogados. De esos chicos me impresionó su valentía, su madurez. Hice una semblanza de uno de ellos en mi libro *Yoga*. Era inevitable revivir aquellos días mientras en el juicio reconstruían etapa a etapa el viaje a Europa de Osama Krayem y sus dos compañeros de ruta, Sofien Ayari y Ahmad Aljald. Con los nombres falsos de Ahmed, Naim y Munir, y exactamente un año antes, ellos también llegaron a Leros en una zódiac. Pasaron allí unos días a la espera de que los inscribieran y continuaron viaje hasta Viena, donde los recogió Salah Abdeslam. Nada los distinguía de los chicos que conocí en la misma isla. Tal vez fueran igual de encantadores, y sus relatos igual de convincentes. Ellos también llegaban de Siria y se declaraban expulsados por Bachar cuando en realidad los teledirigía el Estado Islámico para sembrar el fuego y el terror en el corazón de Europa. Si hubiesen participado en mi taller de escritura, ¿acaso habría desconfiado yo de ellos? ¿No habría escrito, a propósito de Osama Krayem, páginas llenas de confianza y compasión?

LA EPIDEMIA DE SILENCIO

Bakkali se calla

Puede cambiar, sin duda cambiará, pero, por el momento, el juicio se ha estancado. Desde las vacaciones de Navidad, dos acusados han contraído la covid: resultado, dos semanas de interrupción, la sacrosanta planificación se va al garete. Sobre todo se propaga entre los acusados una inquietante epidemia de silencio. Después de Osama Krayem le toca el turno a Mohamed Bakkali. En otoño, durante los interrogatorios denominados «de personalidad», Bakkali impresionó a todo el mundo con su presencia compacta, su voz grave y pausada, la reflexiva naturalidad de su palabra. Tras una estancia en Siria lo acusan de haber participado en la logística, es decir, alquilando escondrijos y escoltando a asesinos, de los atentados de París y también del de Thalys, en agosto de 2015. Aunque este último se frustró, Bakkali fue juzgado y condenado a veinticinco años de prisión, si bien en todo momento manifestó su inocencia y ha recurrido la sentencia. Como el recurso es suspensivo, hasta nueva orden es el único de los acusados que no tiene antecedentes penales, pero su evidente inteligencia será siempre una circunstancia agravante: si un tipo de su talla está en el ajo, nos decimos, no es por haber hecho de taxista, como Mohamed Amri o Hamza Attou. Por tanto, esperamos mucho de Mohamed Bakkali, pero he aquí que se levanta y antes de la primera pregunta explica por qué no responderá: «Ya me han juzgado. Respeté las reglas del juego y no ha cambiado nada. Me condenaron sin ninguna prueba por algo que no he hecho. Sé que, diga lo que diga, mi palabra no tiene valor, conque ya no tengo fuerzas para luchar ni explicarme. Por eso me acojo a mi derecho al silencio». Silencio general. El presidente acusa el golpe. Como nosotros, piensa que el juicio se desmorona. Se dice que, después de Krayem, las fichas de dominó corren el riesgo de derrumbarse unas sobre otras y que cada vez será más difícil decir que no importa, *the show must go on.* Intenta ablandar al rebelde. «Está en su más estricto derecho (cosa indudable). Pero usted sabe que eso puede serle desfavorable.» «Todo me es desfavorable. Haga lo que haga.» «Sí, pero bueno, ha recurrido. Las absoluciones tras un recurso… existen.» La tentativa es lastimosa, Bakkali ni siquiera exagera la ironía: «¿En un caso de terrorismo tan grave?». Un suspiro. Puesto que hay que seguir, seguimos, y cada cual desgrana en su turno, ante una pared, preguntas en las que ya nadie cree. Una periodista, a mi lado: «Si esto empieza a ser el silencio, en un momento u otro va a llenarse de otra cosa». Quizá.

Ayari habla

No esperábamos nada de Sofien Ayari. Nos habíamos resignado a que callase, como Osama Krayem y Mohamed Bakkali. No es casual que estos tres sean los peces más gordos del banquillo, combatientes aguerridos del Estado Islámico. Si no dicen nada es porque tendrían mucho que decir. Así pues, el presidente inicia el interrogatorio de Ayari con el mal humor de quien se dispone a interrogar a una pared. Sorpresa: Ayari se levanta y dice que hoy, excepcionalmente, hablará. ¿Por qué? Porque se lo debe, dice, «a la mujer que perdió a su hija en una terraza y que me recordó a mi madre. Dijo que podríamos haber sido sus hijos, angelitos a los que ella habría llevado de la mano a la escuela. Preguntó: "¿Qué ha podido ocurrir para que estos niñitos se hayan convertido en esto?". No puedo devolverle a su hija. No puedo hacerla feliz. Pero puedo intentar responderle. Se lo debo». Así que ha hablado. Durante seis horas, cuando ya habíamos adaptado el programa pensando en despachar enseguida preguntas sin respuesta, ha explicado con calma, en un francés tan preciso y matizado como el de Bakkali, lo que ha hecho que él «haya llegado a esto». Describe a una familia tunecina desahogada y afectuosa. Una buena educación, un futuro trazado. Y luego, a fines de 2010, un frutero de Túnez se inmola prendiéndose fuego y comienza la Primavera Árabe. Esperanzas inmensas, inmensas decepciones. Túnez se convierte en un vivero de yihadistas. La juventud tunecina, que intentaba llegar a Europa pasando por Lampedusa a bordo de zódiacs medio desinfladas, ahora parte hacia Siria. Para explicar su adhesión al Estado Islámico (2014, él tiene veintiún años), Ayari habla de una elección más política que religiosa. Él, que podría haber llevado una vida tranquila y egoísta, en el lado bueno de la sociedad, dice que «un sentimiento de solidaridad y de rabia» confiere al EI «cierta legitimidad». Combate en Siria, primero contra las tropas de Bachar, después la situación se vuelve más confusa. Herido en Homs, cuatro operaciones de mandíbula. En Raqa descubre el caos. «Cuando vas a combatir, si un combatiente cae a tu lado, te dices que él lo ha elegido. Pero te sientes impotente cuando ves huir despavorida a gente que no ha pedido nada, con la humillación en la cara. Esto despertó en mí emociones difíciles de sobrellevar y por eso fui donde me mandaban el día en que me dijeron que iban a necesitarme en un sitio. Nadie me obligó.» Ayari no dirá «quién» le mandó. Los que conocen el sumario piensan en Oussama Attar, el jefe de la Copex, la célula de acciones en el extranjero del EI, y, además, hermano de Yassine Attar, que está en el banquillo y jura que no tiene nada que ver con este asunto. En agosto de 2015, Ayari parte de Siria con Osama Krayem. Los dos pasan por Leros, siguen la ruta de los Balcanes y se reúnen en Austria con Salah Abdeslam, que los lleva a Bruselas. Ayari será detenido en Molenbeek al mismo tiempo que Abdeslam, el 18 de marzo de 2016, tras un tiroteo con unos policías que les acarreó a ambos veinte años de prisión en Bélgica. Presionado por el presidente, Ayari accede a decir que condena los atentados, pero a condición de condenarlos desde ambos lados, tanto François Hollande como Abu Bakr al-Baghdadi. De acuerdo, sus camaradas mataron a gente en Francia, pero los occidentales han matado a muchas más personas y mucho más cobardemente en Irak y en Siria. Entre lanzar bombas desde un avión sin correr ningún riesgo y unirte en la muerte a la gente que has matado, ¿dónde está la valentía? Reconoce, sin renegar de ellas, que ha tomado decisiones erróneas. «El contexto no ayudaba a la lucidez. Las intenciones y las acciones no siempre son compatibles. Pero no me corresponde a mí juzgar.» He resumido, su declaración era mucho más larga, pero a todo el mundo le impresionó esta confesión, que no era la de un fanático descerebrado. Como dijo al final de la audiencia Nadia Mondeguer: «La forma me ha parecido excelente, el pensamiento riguroso: me ha encantado».

Nadia escucha

Porque Nadia estaba presente, como todos los días. Ha comprendido enseguida que Ayari hablaba de ella, que le hablaba *a ella*, y muchos a su alrededor, que se acordaban de su testimonio, lo han comprendido también. Cuando Ayari ha dicho: «Esta mujer se parecía a mi madre», yo he pensado que todo el mundo podría decir lo mismo: «Nadia se parece a mi madre». A todo el mundo le gustaría tener una madre así o que ella fuera la madre de su novia, esta mujer de pelo gris alborotado, fumadora empedernida, de un temperamento salvaje y desesperado, hoy deteriorado por la muerte sucesiva de su hija y de su marido, pero siempre cordial, cariñosa, con la puerta siempre abierta. A la larga nos hemos hecho amigos. Junto con Georges Salines, Nadia se ha convertido en mi mejor amiga del juicio y he empezado a visitarla de vez en cuando en su casa del boulevard Voltaire, a dos pasos del café La Belle Équipe, donde unos disparos por la espalda mataron a su hija, Lamia, mientras ella, Nadia, escuchaba *anashid* en la web del Institut du Monde Arabe. Al subir los cuatro pisos sin ascensor hasta el pisito al que se entra por la cocina, con la nevera al lado de la puerta, yo me acordaba de lo que ella contó en el juicio sobre los días que siguieron al atentado. En el salón, que está en la esquina del edificio, con la ventana abierta sobre el bulevar, me embargó una atmósfera familiar. Nadia es egipcia, su salón es oriental, pero podría ser ruso. Banca rinconera estrecha, cubierta de telas y de almohadones, incómoda pero acogedora, muebles de mercadillo de segunda mano, que en la familia emigrada de mi madre llamábamos estilo Louis-caisse, y un batiburrillo de libros, ceniceros desbordantes, la mesa perpendicular a la pared cubierta por un mantel donde para tomar el té hay que retirar un ordenador Vaio tan vetusto que Nadia conecta encima un ventilador pequeño para que no se caliente demasiado. El té en polvo es egipcio, se bebe muy azucarado y se acompaña con un bizcocho de limón que ella ha preparado ese día, y yo estoy sentado enfrente de ella, un poco al bies, y a pesar de la aflicción nunca demasiado lejana estamos bien, al menos yo estoy bien, me quedaría allí horas, me quedo horas. Siempre a propósito de Ayari, ella dice: «Me da igual que fuera de mí de quien hablaba, pero era importante. ¿Sabes? Ya después de mi testimonio, uno de los abogados de Bakkali vino a verme y me dijo que no solo lo escucharon, sino que reflexionan. Y cuando Abrini dijo que no salieron con un kaláshnikov del vientre de su madre, yo pensé: tú me estás respondiendo».

Ella los llama «esos críos».

UN VIEJO PALCO DE PLADUR PODRIDO

La semana de la covid

Después de Salah Abdeslam y Ali El Haddad Asufi, me toca a mí contraer la covid y pasar una semana lejos del palacio de justicia. Vacaciones forzosas, no desagradables, que he aprovechado, a medio camino del V13, para bucear en mis libretas de notas. Es preciso confesarlo: a la gente aficionada a los juicios, cronistas judiciales de profesión u ocasionales como yo, más que las víctimas les fascinan los culpables. Compadecemos a las víctimas, pero tratamos de comprender la personalidad de los culpables. Son sus vidas las que escudriñamos para detectar el punto del desgarrón, el punto misterioso en el que se desviaron hacia la mentira o el crimen. En el V13 ocurre lo contrario. Las cinco semanas de testimonios de las partes civiles nos han trastornado, nos han devastado, y casi cuatro meses después lo que emerge son sus rostros puestos al desnudo por la tragedia. ¿Y los acusados, después de esto? Pensábamos que sus interrogatorios serían apasionantes y en realidad no lo son porque no tienen nada que decir. Bueno, nada... Es una tontería decir que nada, lo que quiere decir sobre todo es que no hemos sabido escuchar. No hemos intentado comprender. Hemos olvidado el gran precepto de Spinoza: no juzgar, no deplorar, no indignarse, únicamente comprender. (La posición opuesta la ha defendido nuestro primer ministro de la época, Manuel Valls, en estos términos virtuosamente indignados: «Comprender ya es disculpar». No estoy de acuerdo con Manuel Valls.)

Una hipótesis

Aventuro una hipótesis. Del lado de las víctimas, de las personas como usted y como yo, estamos en el mundo poshistórico. Nuestra vida y nuestros muertos son individuales. Son individuos a los que hemos escuchado, que nos han emocionado, con los que nos hemos identificado. Yo lloré a Lamia, lloré a Lola, porque eran Lamia y Lola, y porque eran la hija de Nadia y la hija de Georges, con sus estudios, sus novios, sus preferencias, sus amigos, sus fiestas, todo lo que hace que fueran ellas y no otras personas. En ningún sitio somos tan singulares y nos limitamos tanto a ser nosotros mismos como en una sociedad huérfana de lo colectivo y de la historia. Los tipos que están en el banquillo callan porque no aceptan nuestra justicia o porque recitan un catecismo insensato según nuestro punto de vista, hay que hacer un verdadero esfuerzo para interesarse por ellos como individuos singulares. Eso no quiere decir que no sean interesantes, sino que lo interesante en ellos, o en todo caso lo que a mí me interesa, no se halla en el terreno individual, sino en el histórico, en «la Historia con hache mayúscula» que decía Perec. Lo que me interesa es el largo proceso histórico que ha producido esta mutación patológica del islam. Doy vueltas, sigo dando vueltas a esta frase tan asombrosa, tan profunda que, contra todo pronóstico, pronunció Salah Abdeslam: lo que no funciona en este juicio es que no hemos hecho ningún esfuerzo por comprender a los yihadistas. *Es como si solo leyé-*

semos el último capítulo de un libro: habría que haber leído el libro desde el principio. Bien visto, bien dicho, aunque, si reflexionamos sobre ello, vale para todo: respecto a lo que sucede actualmente en Ucrania, sin duda también sería más provechoso leer la historia desde el principio. En el caso que nos ocupa, ¿cuál sería el principio? ¿El fin del Imperio otomano después de la Primera Guerra Mundial, como sugirió Al-Adnani al decir que la restauración del califato ponía fin a noventa años de humillación infligida por Occidente a los musulmanes? (De 1924 a 2014: el cálculo es correcto.) ¿La retirada de los ejércitos otomanos ante Viena, en 1683? Empiezo a amontonar libros de historia, libros sobre el islam, tanto espiritual como político: Bernard Lewis, Louis Massignon, Maxime Rodinson, a quien conocí de niño porque había sido uno de los maestros de mi madre y se había convertido en uno de sus amigos más queridos… Pero esto lo dejamos para más adelante. Para cuando haya acabado el juicio. El próximo otoño. Entretanto releo mis cuadernos, el del café de La Belle Équipe, el del Bataclan, hay tantas historias que no he tenido sitio para contar aquí: allá va una.

Clarisse en el Bataclan

Una señal que no engaña: el ruido de las teclas de ordenador en los bancos de la prensa. Una nueva parte civil se aproxima al estrado y empieza a hablar. Los dedos están suspendidos sobre los teclados. Este hombre o esta mujer, ¿van a ser *buenos testigos*? (Esta lógica del casting es horrible, pero ¿cómo eludirla?) De algunos, como Clarisse, lo sabemos de inmediato: al cabo de algunas frases, todos los teclados comienzan a chasquear. Rubia, ojos azules, aguda, elocución rápida y clara, dominio del relato, Clarisse tiene treinta años, tenía veinticuatro entonces. Fue al Bataclan con dos amigos porque le gusta el rock, y lo que más le gusta de un concierto de rock es mirar a los demás: su cara, su manera de moverse, la energía que desprenden. Buena energía, esa noche. Están en la pista, en el flanco derecho, su lugar preferido. Son estudiantes sin blanca, en el bar el alcohol es caro, se pasan discretamente una pequeña petaca de whisky, pero se vacía enseguida, ahora harían falta unas buenas cervezas frías. Deciden ir a comprarlas a la tienda de la esquina, y para ello aprovechan una canción que saben que es larga y mediocre, «Kiss the Devil», muchos se acordarán de este título, algunos se acordarán también de que aquel 13 de noviembre era el Día Mundial de la Amabilidad. Salen los tres de la sala, a la altura del guardarropa hay un portero al que hay que engatusar. Clarisse dice que va a sacar dinero del cajero, no se sabe si él se lo cree, en todo caso dice que muy bien y de repente cambia de expresión, su mirada risueña se vuelve vidriosa al mismo tiempo que se oyen las primeras detonaciones. Como el peligro procede de fuera, Clarisse y sus amigos vuelven al interior, seguidos de cerca por unos tíos que disparan. Consiguen cruzar la puerta sin que los maten, pero ella piensa que es eso lo que va a ocurrir, que van a dispararle por detrás y se pregunta si va a morir de un tiro, si va a sufrir, se lo pregunta al irrumpir en la sala, al abrirse paso entre el gentío, al empujar a la gente gritando: «¡Disparan!», pero todo el mundo lo sabe ya, que disparan a ráfagas, que no son petardos que forman parte del concierto, además ella ve al cantante del grupo abandonar la guitarra en el escenario y desaparecer entre bastidores. Todo el mundo se lanza al suelo, disparan, disparan, empiezan a oírse los alaridos de los que han sido alcanzados. Clarisse se aferra un instante a la idea de que es una toma de rehenes, todo irá bien si hacemos dócilmente lo que nos piden, pero no, no quieren rehenes, estos tíos han venido a matarnos a todos, sin motivo, sin discusión posible, no sirve de nada decir que no estás de acuerdo. Ella se dice: qué locura, voy a morir en una salita de conciertos a la que he venido para escuchar a un grupo de *rednecks* californianos, majos pero bastante mediocres, la entrada me ha costado 30,70 euros, voy a morir aquí. Se empujan, se pisotean, chillan, los disparos no cesan. Alguien ha encendido los focos de la sala, ahora todo sucede bajo una luz blanca, cegadora, peor que la oscuridad. Clarisse logra llegar a un lado, sube una escalera, seguida en la confusión total por una cincuentena de personas. Es ella la que encabeza la marcha, la que sube esperando encontrar una salida de emergencia. Se oye una enorme explosión, ella cree que es una granada, de hecho es el terrorista Amimour que se ha explosionado, regando la pista de jirones de carne humana. Al fondo del pasillo hay un palco, ella empuja la puerta: sin salida. No hay ventana, no hay escapatoria. Un palco viejo de pladur podrido, no es posible, tengo veinticuatro años, una vida que vivir, no voy a morir en un palco viejo de pladur podrido. Hay unos aseos, unos aseos minúsculos, y entonces Clarisse se acuerda de una antigua película de James Bond, *Goldeneye*, en la que el protagonista se escapa por el techo, así que se sube al asiento y empieza a destrozar a puñetazos el techo, que es un falso techo, prácticamente de cartón. Arranca la lana de vidrio, los cables eléctricos. A la cabeza del tropel que la sigue hay un hombre más mayor, un hombre que podría ser su padre, de hecho se le parece; la ayuda a auparse, ella se introduce en ese espacio entre el techo falso y el auténtico, el hombre y varios más la siguen. Trepan a esa especie de túnel, entre la lana de vidrio y los cables eléctricos trenzados, Clarisse se pregunta si en vez de que la mate una bala va a electrocutarse. Trepa ella, trepan los demás, llegan a un espacio de ventilación donde pueden ponerse de pie. Es un refugio, pero quizá sea una ratonera, son cada vez más numerosos, corren el riesgo de que los descubran, quizá los asesinos van a venir a matarlos o la policía lanzará gas y entonces morirán asfixiados. Clarisse está al lado de ese hombre de la edad de su padre, que se llama Patrick y al que le pide que, si ellos vienen, la estreche en sus brazos. Si tiene que morir, es mejor morir en los brazos de alguien. Patrick se lo promete. Los disparos prosiguen, a ráfagas, tiro a tiro. Se oyen los gemidos, los gritos de la gente que muere. Pero se oyen lejos, un sonido amortiguado, son como niños escondidos. Al principio del juicio, el policía de la BRI (Brigade de Recherche et d'Intervention) que hizo los atestados expresó su temor de haber olvidado a gente que se habría escondido para morir en unas ratoneras. Clarisse, Patrick y los demás no han muerto, pero han permanecido allí un largo rato, casi cuatro horas en la ratonera, y han sido los últimos en ser evacuados. Han tenido que atravesar la pista. El hombre de la BRI le ha dicho a Clarisse que cierre los ojos. Patrick la sostiene, le pone la mano en los ojos para que no mire, pero ella lo hace de todos modos y nunca olvidará lo que ha visto.

EL CONVOY DE LA MUERTE

El acompañante

El 12 de noviembre de 2015, tres coches alquilados parten alrededor de las 17 horas de Charleroi, en Bélgica, para llegar a Bobigny, en el extrarradio de París, hacia las 20 horas. Los diez miembros del comando se reparten los vehículos según sus afinidades y los objetivos establecidos para el día siguiente. Los del Bataclan viajan en el Polo, los iraquíes del Stade de France en el Seat. Tres pasajeros ocupan el Clio que encabeza la comitiva: Brahim Abdeslam, Salah Abdeslam y Mohamed Abrini. Está previsto que los hermanos Abdeslam, junto con Abdelhamid Abaaoud, que en ese momento conduce el Seat, se explosionen después de haber matado al mayor número de personas en las terrazas de varios cafés del distrito XI. ¿Y Mohamed Abrini? Para él no hay nada planeado. Si hoy se encuentra al lado de Salah Abdeslam en el banquillo no es porque tanto el uno como el otro hayan fracasado o desistido de accionar su cinturón de explosivos. Y si Abrini se encontraba al lado de Abdeslam, a la cabeza de lo que el propio Abrini ha denominado «el convoy de la muerte», no es en calidad de miembro del comando, sino ¿de qué? ¿De acompañante? Sí, no hay otra palabra. Recapitulemos. Abrini es un amigo de la infancia de Abdeslam. Inseparables, se han criado juntos en Molenbeek. Delincuente de poca monta pero reincidente múltiple, frecuenta el café de Brahim, Les Béguines, donde proyectan continuamente los vídeos del EI, sobre todo el del triunfo de su otro gran amigo Abdelhamid Abaaoud, pero no se le advierten indicios de auténtica radicalización hasta que, dice él, su hermano menor, Souleymane, parte a Siria para inmolarse. A partir de ese momento, el Corán pasa a ser, según su propia expresión, el «único amigo» de Mohamed Abrini. En junio de 2015 viaja a su vez a Siria para recogerse ante la tumba de Souleymane, cuenta, pero también para reunirse en Raqa con Abdelhamid Abaaoud, que prepara activamente los atentados del 13 de noviembre. Aunque sea por la puerta trasera, se integra así en la prestigiosa hermandad de los que han estado en Siria. Al regresar a Molenbeek, Abrini pasa el otoño alquilando pisos, coches, y acompaña a Salah Abdeslam a un almacén de material para fuegos artificiales que se llama Les Magiciens du Feu (Los magos del fuego): ni siquiera el auto de procesamiento, cuya naturaleza es poco proclive a lo novelesco, se ha resistido a usar ese nombre como título de un capítulo. Todo esto, en su conjunto, confiere a Mohamed Abrini el perfil ideal para unirse al comando. ¿Por qué no lo hizo? ¿Por qué, según parece, nunca se habló de que lo hiciera? ¿Porque él no quería, lisa y llanamente? Podemos comprenderlo: algunos tienen vocación de mártir, otros no. Pero entonces no debería haberse embarcado. Debería haber abrazado a sus amigos y dejar que partieran con una frase empática como «Nos veremos en el cielo, hermano». No: viaja con ellos en el convoy de la muerte. Recorre el trayecto con ellos. Después de dejar que maten y mueran se vuelve a su casa. Reaparece el 22 de marzo de 2016, en Zaventem, el aeropuerto de Bruselas, donde una cámara de vigilancia le capta empujando un carro de equipajes en compañía de dos individuos que unos minutos más tarde saltarán en pedazos; pero Abrini no, tampoco esta vez. Otras cámaras lo muestran alejándose a paso ligero del edificio sumido en el caos. Lleva un sombrero y por eso a lo largo de toda la investigación lo llaman «el hombre del sombrero».

«Hay que frenar la paranoia»

Ceñudo, a la vez apático y colérico, Mohamed Abrini forma parte de los acusados que *a priori* no tienen nada que perder. Juzgado en Francia y pronto en Bélgica, la pena será la máxima por partida doble: de nada sirve el intento de causar buena impresión. Utiliza de un modo extraño esa paradójica libertad de palabra: vehemente cuando se trata de ideas generales, huidizo cuando le remiten a los hechos; hoy, los últimos meses anteriores a los atentados. Florilegio de ideas generales: «Usted dice que soy radical, yo digo que la sharía es la ley divina y está por encima de la ley de los hombres. Comprendo que los atentados hayan causado dolor a la gente, pero es una respuesta a la violencia. Cuando te matan en Siria es normal que vengas a matar en Francia». ¿Los vídeos de las ejecuciones?: «Hay que verlos en su contexto. Es como los jóvenes de hoy que siguen las series de Netflix. Y además hay que frenar la paranoia. Había un montón de vídeos sobre la construcción de escuelas, las obras públicas, la ayuda a las poblaciones desfavorecidas…». El presidente del tribunal, un poco abrumado: «Aun así, las decapitaciones…». «Pero ¡qué locura, solo piensan en eso! Ustedes hacen lo mismo aquí. ¡Hasta decapitaron al rey!» «¿Y las violaciones sistemáticas de mujeres yazidíes, convertidas en esclavas sexuales?» «Ustedes llamen a eso violaciones. Yo lo llamo un programa de natalidad.» Dos horas así, escuchando explicaciones sobre que en verdad hay que ser retorcido para no ver más que los aspectos negativos de la matanza de 131 personas. Dos horas de las que yo conservo esta imagen poderosamente onírica: media docena de barbudos que bajan al sótano del café Les Béguines para formar un corro alrededor de un ordenador y excitarse viendo, con los ojos brillantes, vídeos que muestran construcciones de escuelas en Raqa.

(Al mismo tiempo, es cierto que existían esos vídeos de construcciones de escuelas en Raqa. No solo había sádicos entre los que se afiliaron al Estado Islámico. Algunos iban a construir un país, una sociedad frugal y reflexiva, en consonancia con las enseñanzas del Profeta. Me sobresalté cuando, en el libro de Micheron, uno de ellos compara la atracción del Sham para los árabes con la de Israel para los judíos. Pero había quienes, con la mayor buena fe, lo veían así y se comportaban como colonos, no más blandos con los sirios autóctonos que los israelíes con los palestinos.)

El caldero

En *El chiste y su relación con lo inconsciente*, Freud cuenta la historia de un hombre que acusa a otro de haberle devuelto agujereado el caldero que le había prestado. La respuesta del acusado se formula en tres tiempos: 1) el caldero no estaba agujereado cuando te lo he devuelto; 2) ya tenía agujeros cuando me lo prestaste; 3) nunca te he pedido prestado un caldero. Esta misma lógica siguen las respuestas de Mohamed Abrini cuando al día siguiente le hacen preguntas más concretas sobre su regreso de Siria en el verano de 2015. Una vez franqueada la frontera turca, el itinerario normal es Estambul-Bruselas; de hecho, él tiene su billete en el bolsillo. ¿Por qué, entonces, pasa por Londres? Porque Abaaoud, dice él, le ha encargado que recupere allí el dinero que le debe un amigo. ¿Qué amigo, qué dinero, por qué tantas tarjetas SIM distintas y por qué demorarse tres días yendo y viniendo entre Londres, Birmingham y Manchester, donde saca numerosas fotos del estadio y de la estación? ¿Acaso eso no sugiere localizaciones para un atentado? «¡Otra vez la paranoia!», se enfurece Abrini. ¿Por qué, después, aterrizar en París, en lugar de volver directamente de Londres a Bruselas? ¿Por qué pedir a dos amigos que vayan allí a recogerlo en un coche? ¿Y por qué ir a buscarlo al mismo París, y no a Roissy? Abrini, irritado, en una escalada digna del episodio del caldero: 1) «Tenía miedo de que me detuvieran»; 2) «El billete era más barato»; 3) «Queríamos comer en un McDonald's de los Campos Elíseos»; 4) «Tenía miedo de que no encontraran el camino» (el presidente, sobrepasado: «Pero el aeropuerto Charles de Gaulle está bastante bien indicado»); 5) «Yo qué sé, no me acuerdo, y además eso no es de su incumbencia».

En el Clio

A decir verdad, los viajes en zigzag de Mohamed Abrini y sus absurdas justificaciones nos tienen un poco sin cuidado, al menos en mi caso. Lo que me gustaría saber, saltando unos meses, es lo que ocurrió dentro del Clio durante el viaje de Charleroi a Bobigny. Lo que hablaban esos tres hombres, dos de los cuales estaban decididos a morir y el tercero no. Si los dos hermanos trataron de convencer a su amigo de la infancia de que fuera con ellos hasta el final, para agradar a Dios y porque así el estallido sería grandioso. Si estaban serios o bromeaban. Si recitaban suras o se lanzaban pullas. Quién conducía, quién viajaba en el asiento trasero. A diferencia de tantas otras, estas preguntas tienen respuesta. Dos de los tres pasajeros, Abrini y Abdeslam, las conocen. Brahim se explosionó en el Comptoir Voltaire, pero ellos están sentados en el banquillo de los acusados, el uno al lado del otro. Se les ve hablar a media voz, y a veces troncharse de risa. ¿Hablarán dentro de unas semanas, cuando lleguemos a la reconstrucción de los hechos?

EL FONDO DEL FONDO

¿Un cenicero vacío?

No se ha visto tanta afluencia desde el testimonio de François Hollande. Es el segundo interrogatorio de Salah Abdeslam, dedicado a los últimos meses antes de los atentados; el capítulo siguiente hablará de los últimos días. Lejano queda el tiempo en que, como se había callado a lo largo de la instrucción, hacíamos apuestas: ¿hablará o no? No solo habla, sino que parece contento de hablar, contento de que lo escuchen, contento de atraer a tanta gente. Su camisa blanca está bien planchada, él está en forma, el interrogatorio durará más de siete horas. Educado y complaciente en general, sus réplicas llegan a veces a la insolencia. El presidente cita una carta a su madre desde la cárcel en la que le cuenta que, aunque su hermano Brahim se hizo saltar por los aires y él no, los dos son mártires. Abdeslam lo interrumpe: «No es el momento de hablar de eso, porque ahí tocamos el fondo y hasta el fondo del fondo. No cuestiono sus capacidades intelectuales, señor presidente, pero no hay que apresurarse demasiado». Sonrisa del presidente, más divertido que ofendido. No tenemos la impresión de que ese fondo del fondo sea tan profundo. No es un abismo dostoievskiano de donde manaría el aliento del infierno. Nos sorprenden más bien la ligereza, la inconsistencia, la inconsecuencia de este muchacho, que ha participado en la matanza de 131 personas, pero al que todo el mundo describe como un buen chico, y quizá lo sea. ¿Habría que dar por ello la razón a su primer abogado, el belga Sven Mary, que dijo que tenía el cerebro de un cenicero vacío? No lo creo. Tengo más bien la impresión de que es un mequetrefe que se enreda en sus contradicciones: musulmán riguroso pero juerguista, fanático pero apegado a su vida tranquilita, terrorista cobarde, que asegura que juró lealtad al Estado Islámico cuarenta y ocho horas antes de los atentados, y luego, después de los atentados; y luego, de nuevo antes: nos perdemos, y seguramente también él.

La tercera versión

Nada de lo que dice tiene peso, pero sí algo que se asemeja a una línea de defensa. Se sustenta en dos puntos. El primero: no he matado ni herido a nadie, no tengo las manos manchadas de sangre. Es verdad, como en el caso de todos los acusados, puesto que todos los que mataron han muerto. El segundo: «Comprendo que la justicia quiera dar escarmientos. Pero, entonces, si un individuo está en el metro con una maleta de 50 kilos de explosivos y en el último momento quiere dar marcha atrás, ¿qué se dirá? Se dirá que, de todos modos, no lo perdonarán, que lo encerrarán y humillarán como a mí, y entonces ¿qué hará?». Con otras palabras: si no se recompensa el arrepentimiento *in extremis*, todo el mundo se explosionará. El argumento es chocante y nada absurdo a la vez. Si a quien no ha matado lo condenan a lo mismo, es decir, a la máxima pena que al que ha matado, todos sentimos vagamente que hay algo que no encaja.

¿Es suficiente para que Salah Abdeslam tenga una posibilidad de una condena menor, un poquito inferior a la cadena perpetua que todo el mundo le augura? ¿Explica esa ínfima posibilidad que haya trocado la imagen de combatiente en la sombra del Estado Islámico, que él reivindicó al principio del juicio, por la del títere inmaduro que ocupa hoy el banquillo? Entre el orgullo y la prudencia, da igual elegir el orgullo si estás seguro de que no tienes nada que perder. Pero ¿si no estás seguro? ¿Si tienes una puertecita de salida? Desde el principio todo el mundo se pregunta: si Salah Abdeslam no hizo estallar su cinturón, como estaba previsto, fue 1) ¿porque no funcionó?, 2) ¿porque tuvo miedo? En la primera versión es disculpable –según los valores yihadistas–; en la segunda es digno de lástima, según los valores de todo el mundo. Pero he aquí que, en un recodo del interrogatorio, de golpe y porrazo desliza una tercera: que al ver en las terrazas a todos aquellos jóvenes de su edad, que se le parecían, que al igual que él se habían puesto su camisa más bonita, sintió por ellos una profunda empatía y renunció a su plan. En esta última versión, no se salva él, sino que salva a los demás. Es algo que no se va a poder demostrar nunca, pero como estrategia de defensa es tentadora.

El road trip

En el mes de agosto de 2015, Salah Abdeslam viajó a Grecia con su amigo Ahmed Dahmani, llamado Gégé, a quien, si no estuviera encarcelado en Turquía, aquellas desdichadas vacaciones le habrían valido su comparecencia ante este tribunal. Porque eran unas vacaciones, dicen Salah y Gégé, y hay que ser muy retorcido para imaginar otra cosa. Los letrados Chemla y Rimailho, abogados de partes civiles, deben de tener una mente retorcida. Piensan que este viaje era para buscar localizaciones de la ruta que seguirá el comando, dos meses más tarde, entre Siria y Bélgica. Para apoyar esta hipótesis rastrean, hora tras hora, la geolocalización del móvil de Dahmani; Abdeslam, como por casualidad, se ha dejado el suyo en Molenbeek y por lo tanto permanece mudo desde que parten. 30 de julio, 16.13: alquiler del vehículo en Bruselas. 31 de julio, 2.45: salen de Bruselas. 8.45: control aduanero cerca de Basilea. 15.22: llegada a Florencia. 1 de agosto, 19.30: embarcan en el ferri en Bari. 2 de agosto, 13.30: llegada a Patras. 4 de agosto, 18.00: salida de Patras. 5 de agosto, 9.30: llegada a Bari. 6 de agosto, 1.25: frontera suiza. Regreso a las 8.30 a Bruselas. El efecto de esta lectura es tan cómico como abrumador. ¿A santo de qué este viaje relámpago en el que no ven nada? Abdeslam: «Teníamos poco tiempo, poco dinero, hicimos un *road trip*, no tiene nada que ver con el Estado Islámico». «Pero ¿qué hicieron? ¿Qué hacían cuando paraban?» «Comíamos pasta, fuimos a las islas.» «¿A qué islas?» «No me acuerdo de sus nombres.» «De todas formas», dice el presidente, «son un poco raros esos dos días de viaje de ida y otros dos de vuelta para quedarse solo dos días allí...» «Un poco raros... Era mejor que nada. Usted seguro que tiene recursos para pagarse unas vacaciones más lujosas, señor presidente, pero nosotros no.» Si reproduzco este breve diálogo no es por la importancia de la cuestión en sí, sino porque ilustra nuestros continuos cambios de perspectiva durante el juicio. Cuando escucho a las partes civiles, me parece evidente que ese viaje apesta: el *road trip*, vaya broma. Llega el turno de la defensa. ¿Qué dice Olivia Ronen, la abogada de Abdeslam? Primero, que los terroristas no siguieron esa ruta dos meses más tarde. Segundo, que es posible que, solo por divertirse, dos jovenzuelos magrebíes atraviesen Europa pisando a fondo el acelerador y fumando un porro tras otro, con la música a tope, sin hacer paradas, y que es una conclusión errónea pensar en objetivos necesariamente criminales porque al pasar cerca de Florencia no visitaron los Uffizi, como habrían hecho en su lugar el presidente y sus asesoras. Al escuchar eso pienso: sí, es posible. Como también es posible, al fin y al cabo, que Abdeslam haya desistido en el último minuto de explosionarse por altruismo.

(Pero un instante después pienso: si era verdad, ¿por qué no lo dijo antes?)

Abdeslam en ruta

Después de los últimos meses, las últimas semanas. A las 19 horas del 24 de agosto de 2015, Salah Abdeslam se presentó en la agencia Rent a Car, en el 178 de Chaussée de Haecht, en Haren, en las afueras de Bruselas, y alquiló un BMW 118D, con matrícula 1-HXV-990. Lo acompañaba Mohamed Abrini, cuyo número de contacto dejó además del suyo, y quien en efecto recibirá una llamada de la agencia el 31 de agosto, día de la devolución prevista del vehículo, y otra el 5 de septiembre, día de la devolución efectiva. No hay más noticias del automóvil hasta el 29 de agosto, cuando se redacta un atestado a las 3.10 en la rue Paul-Delvaux de Bruselas. A las 15.40 del 30 de agosto el coche entra en Hungría por el puesto fronterizo de Hegyeshalom. Un radar lo fotografía a las 16.27 cerca de Tatabánya. A las 16.50 está en Biatorbágy y a las 18.29 llega a la pequeña ciudad de Kiskőrös, a 130 kilómetros al sur de Budapest. A las 20.40, el vehículo vuelve a atravesar Biatorbágy, por donde ha pasado casi cuatro horas antes. El trayecto de regreso finaliza en Bruselas el 1 de septiembre a última hora de la tarde. Por otra parte, entre el 30 de agosto a las 00.58 y el 1 de septiembre a las 22.53, es decir, al comienzo y al final de este viaje, tal como permiten reconstruirlo los datos de la autopista y la telefonía, la línea habitual de Salah Abdeslam está conectada sin interrupción en su domicilio de Molenbeek, sin emitir ni recibir llamadas. Esto significa que dejó allí su móvil, al igual que durante su *road trip* en Grecia tres semanas antes. Interrogado al respecto, dirá que es algo que se hace normalmente cuando te vas de viaje y quieres que te dejen en paz. Sin embargo, utilizó durante todo el viaje otra línea belga, en contacto muy frecuente con dos líneas húngaras. Las tarjetas SIM húngaras fueron compradas el 27 de agosto en un sector de telefonía del supermercado de Kiskőrös. La vendedora, Dorina Petrovics, identificó a Bilal Hadfi y Chakib Akrouh como los dos individuos a los que vendió esas tarjetas. El primero se explosionará en el Stade de France, el segundo formará parte del comando de las terrazas junto con Brahim Abdeslam y Abdelhamid Abaaoud, y él también saltará por los aires cinco días más tarde. También se puede reconstruir su periplo. Procedentes de Siria, pasan de Turquía a Grecia y llegan a Serbia el 24 de agosto. A partir de esta fecha se comunican, primero con un interlocutor no identificado que los guía desde Siria, después con un coordinador que se ha quedado en Bélgica y que es, con toda seguridad, Khalid el-Bakraoui y, por último, desde el día 29, con el conductor del BMW, o sea, Salah Abdeslam. Llegan a Budapest el 28 de agosto y pasan la noche del 28 al 29 en el bosque cercano a la estación de Kiskőrös. «Diles a los jóvenes que cuando estén delante de la estación envíen un mensaje para que vayamos rápidamente. Diles la contraseña secreta», dice Akrouh a su interlocutor sirio, que transmite la información a Khalid el-Bakraoui y dice que el chófer necesita un día o día y medio para llegar. Así pues, Salah Abdeslam, que había alquilado el coche el día 24 para, suponemos, estar listo cuando le diesen luz verde, se pone en marcha la noche del 29 al 30 de agosto y vuelve con sus dos pasajeros al anochecer del 1 de septiembre. No se sabe quién los recibe ni dónde se esconderán; en cambio, sí se conocen con toda exactitud los viajes siguientes.

Les Magiciens du Feu (Los magos del fuego)

Estos datos son tediosos. He citado un minúsculo botón de muestra para dar una idea de la clase de cosas que contienen los 542 tomos del sumario y escuchamos en este momento, comparecencia tras comparecencia. Resumiendo: fines de agosto, primeros de septiembre de 2015, doce combatientes del Estado Islámico, procedentes de Siria y que se hacen pasar por refugiados sirios, entran en Europa por la ruta de los Balcanes. Salah Abdeslam hizo cinco viajes para ir a recogerlos a Hungría o a Alemania y trasladarlos a Bélgica, donde los reparten en cinco pisos francos alquilados por Mohamed Bakkali bajo las identidades de Fernando Castillo y Alberto Malonzo; los dos se declaran informáticos, visten traje y corbata, y se han maquillado de una manera cómica, con una peluca rizada y gafas gruesas, lo cual no es óbice para que el propietario de uno de los pisos considere que el falso Malonzo tiene «bastante clase». Han entregado a los terroristas carnés de identidad belgas suministrados por una red denominada Catálogo y por un tal Farid Kharkhach, hoy en el banquillo, un intermediario que no para de repetir que sí, que él es un falsificador y un pequeño delincuente, pero que no tenía la menor idea de en qué se estaba metiendo. Dejando a un lado las armas, que constituyen un ángulo muerto del sumario porque seguimos sin saber de dónde salieron los seis kaláshnikov utilizados en los atentados, el cometido asignado a cada uno en esta preparación logística parece claro. A Bakkali, los pisos francos; a Salah Abdeslam, los transportes. Sucede, sin embargo, que Salah se propasa en esas atribuciones. Por ejemplo, antes de devolver a la agencia Rent a Car de Haren el BMW a bordo del cual acababa de trasladar a Bilal Hadfi y a Chakib Akrouh, se presentó el 4 de septiembre, a primera hora de la tarde, en el comercio Les Magiciens du Feu, especializado en la venta de material para fuegos artificiales, en el 21 de rue de la Mare, en Saint-Ouen-l'Aumône (95). Allí compró un maletín de madera y aluminio que contenía doce cajetines receptores y un mando a distancia capaz de enviar un impulso eléctrico a una distancia de 400 metros. Esta forma de comprar material de ignición sin las pirotecnias le pareció muy inusual al vendedor, Valentin Lithare, pero el cliente pagó 390 euros en metálico y, al fin y al cabo, estaba en su derecho. Abdeslam entró solo en la tienda, pero la telefonía induce a pensar que lo acompañaba Mohamed Abrini, que se habría quedado en el coche. De nuevo acompañado por Abrini, y esta vez sin que quepa duda alguna, el 8 de octubre, al volver de Viena, adonde ha ido a buscar a Osama Krayem, Sofien Ayari y Ahmad Alkhald, el especialista en explosivos, Salah se desplaza, siempre en el BMW, hasta cerca de Beauvais, hasta dos almacenes Irrijardin donde venden productos para equilibrar el agua de las piscinas. La gerente del primero, la señora Allard, recuerda que los dos hombres querían a toda costa bidones de la marca Bayroshock y que no pudo complacerles porque los considera muy caros y solo vende la marca Irripol, más económica. Tuvieron más suerte con el señor Demaiter, gerente de la segunda tienda, concesionaria exclusiva de Bayroshock. A Demaiter le extrañó que los dos hombres quisieran comprar la mayor cantidad posible de estos bidones, la mitad de los cuales basta y sobra para una piscina, pero pudo venderles tres, es decir, más de lo necesario para fabricar el TATP utilizado en los atentados. Bayroshock o nada, parece ser que exigió Ahmad Alkhald, que no bromeaba sobre la calidad de los productos.

Interrogado sobre estas compras, Salah Abdeslam dijo que eran simplemente «para tirar fuegos artificiales». Respecto a sus viajes, dijo que había ido a buscar a «hermanos en el islam», refugiados políticos que huían de la guerra como hoy huyen los ucranianos bombardeados por los rusos, y en otro tiempo los judíos perseguidos por los alemanes. No parece que haya comprendido que esas referencias pueden disgustar. Se negó a decir el nombre del que le impartía órdenes, y que más que probablemente era Khalid el-Bakraoui, alegando que él no era un soplón. Para acabar se quejó de que la justicia le hubiera «roto la vida», lo que provocó lo que se llama un «incidente de audiencia»: en los bancos de las partes civiles aplaudieron irónicamente. El presidente no intervino, cosa que debería haber hecho, porque estas reacciones, aunque sean comprensibles, no están permitidas. Los abogados de la defensa se levantaron como un solo hombre y abandonaron la sala en señal de protesta. Al día siguiente, todo volvió a la normalidad. Ha habido días en este juicio en los que su principal acusado producía una impresión menos mala que otros. Parece un defecto un tanto irrisorio comparado con todo lo que se le reprocha, pero a lo largo de esta semana Salah Abdeslam ha parecido, aparte de todo lo demás, un perfecto majadero.

El ordenador de la rue Max-Roos

El 22 de marzo de 2016, un camión de la empresa de recogida de basuras Bruxelles Propreté hace su ronda matutina. En un cubo de la rue Max-Roos, en Schaerbeek, los basureros encuentran dos ordenadores, una tableta y un móvil. Un chollo, si no fuera porque uno de los ordenadores está destrozado, con la mitad de las teclas arrancadas: un desecho más. La tableta y el móvil no están en mejor estado, pero, cuando abren el otro ordenador, un PC negro de la marca Hewlett-Packard, la pantalla de inicio se enciende y muestra a siete hombres con pasamontañas posando delante de una bandera del Estado Islámico. ¿Los basureros identificaron de inmediato esa bandera? No lo sabemos, no son ellos los que testifican en la audiencia, sino uno de nuestros viejos conocidos los investigadores belgas. Una hora después, como todo el mundo en Bruselas, se enteran de que dos kamikazes acaban de explosionarse en el aeropuerto de Zaventem y otro más en la estación de metro Maelbeek: 32 muertos, 340 heridos, los atentados más sangrientos jamás perpetrados en Bélgica. Los basureros entregan el ordenador a la policía, que ya ha descubierto la identidad de los terroristas, todos ellos implicados, por lo demás, en los atentados del 13 de noviembre. En el metro: Khalid el-Bakraoui. En el aeropuerto: Ibrahim el-Bakraoui y Najim Laachraoui, así como el eterno acompañante, Mohamed Abrini, que, como cuatro meses antes en París, se esfumará prudentemente, cubierto por su sombrero, mientras sus amigos accionan sus cinturones explosivos. De todo esto solo se habla indirectamente en el V13, pues será objeto de otro juicio que se celebrará en Bélgica este otoño, en el que comparecerán Abdeslam, Abrini, etcétera, y con el cual este no debe solaparse. Pero el ordenador encontrado en el cubo de basura nos concierne de lleno. Los terroristas se deshicieron de él la mañana misma del atentado, al abandonar su piso franco de la rue Max-Roos. La víspera borraron la mayoría de los archivos y por tanto no hay acceso a su contenido, pero los *geeks* de la policía belga han reconstruido el historial de búsquedas, que nos informa de los siguientes datos: el ordenador fue puesto en funcionamiento el 14 de agosto de 2015. El 12 de octubre crearon una carpeta llamada MUTAFAJIRAT (que significa «explosivo» en árabe) y en especial una carpeta con el nombre TARGETS, es decir, «objetivos». Claramente es en este momento cuando el plan toma cuerpo. Entre los que eligieron entonces figuran juventud católica, monárquicos, Civitas (Civitas es un movimiento católico integrista), punks, Défense (¿el barrio de oficinas de la Défense en París?, ¿el Ministerio de Defensa?). Si se hubieran atenido a estas dianas, los atentados habrían suscitado otro tipo de emociones. Imaginen que las víctimas hubieran sido católicos integristas, abatidos a la salida de Saint-Nicolas-du-Chardonnet, o perroflautas tiroteados en el último sótano del Forum des Halles: los hubiesen compadecido, por supuesto, pero los treintañeros franceses que toman mojitos en las terrazas dando caladas a sus cigarrillos electrónicos no se habrían identificado tanto con ellos. Menos de un mes después, los yihadistas afinaron esta reflexión: el 7 de noviembre crearon la carpeta 13 DE NOVIEMBRE. Esta carpeta incluye cinco subcarpetas: GRUPO OMAR (se trata del comando de las terrazas, dirigido por Abdelhamid Abaaoud, alias Abu Omar); GRUPO IRAQUÍ (el comando del Stade de France); GRUPO FRANCÉS (con un archivo, *Visita virtual del Bataclan*, destinado a los regidores de espectáculos) y, por último, GRUPO SCHIPHOL (el aeropuerto de Ámsterdam) y GRUPO METRO. Han afinado la reflexión, pero aún prosiguen los tanteos. Piensan en un atentado en el metro que no se llevará a cabo. En un atentado en Schiphol, que tampoco se consuma. El 7 de noviembre, el 13 de noviembre: la sucesión de estas fechas tan próximas produce vértigo. Seis días antes, todo estaba todavía en el aire. De todas formas habría un atentado, atentados, pero los objetivos aún podían ser distintos. Al salir del Bataclan después del concierto, los jóvenes que habían comprado entradas para los Eagles of Death Metal quizá se habrían enterado de que había habido una matanza en la estación de metro Châtelet-Les Halles. Se habrían horrorizado, se habrían preocupado por amigos que podrían haber estado allí en aquel momento y luego se habrían vuelto a su casa. Yo estaba sentado en la audiencia al lado de Georges Salines. Cruzamos las miradas, yo sabía lo que él pensaba: habrían muerto otros, Lola estaría aún viva.

La vie d'un honnête homme (La vida de un hombre de bien)

El historial de búsquedas revela también otros enigmas. Películas vistas que no solo son la propaganda sanguinaria del Estado Islámico, sino una grabación de *Cyrano de Bergerac*, la adaptación de *Los Miserables* de Robert Hossein y sobre todo dos comedias de Sacha Guitry, *Si Versalles pudiera hablar* y *La vie d'un honnête homme*. Desconozco los gustos cinematográficos de los hermanos Abdeslam o de Mohamed Abrini, quizá me equivoco pensando que prefieren los grandes éxitos norteamericanos, pero no me cabe en la cabeza que vieran películas de Sacha Guitry de los años cincuenta, en blanco y negro, con esa enfática dicción anticuada y ese sonido chisporroteante. He visto, por si me daba alguna pista, *La vie d'un honnête homme*. ¿Quién sabe? Quizá encontrara un pequeño eco, un detalle que entroncara dos universos mentales tan radicalmente ajenos como el de un yihadista belga y un ingenioso hombre de teatro, un comicastro, un representante soberanamente libre de un mundo extinguido hace ya mucho. No veo ningún nexo. *La vie d'un honnête homme* cuenta la historia de un gran burgués, genialmente interpretado por Michel Simon, y de su hermano bohemio, asimismo interpretado genialmente por Michel Simon. Son gemelos, uno de los dos muere y el otro ocupa su lugar: es una comedia negra, muy divertida, la recomiendo. Que nuestros yihadistas hayan podido verla, en el sótano del café Les Béguines, entre dos vídeos de decapitaciones, fue algo que se mencionó de pasada, como una rareza anodina a la que no vale la pena dedicarle tiempo. Una abogada de la parte civil fue la única que lo consideró, igual que yo, lo suficientemente incongruente como para esforzarse en buscarle una explicación: ¿tal vez los yihadistas pusieron esos nombres a los archivos especialmente comprometedores? Podría ser, pero en tal caso solo se sustituye un misterio por otro. Cuesta ya admitir que estos tipos, unos días antes de los atentados, viesen películas de Sacha Guitry, pero que utilizaran títulos de películas de Sacha Guitry como nombres en clave para sus recetas de explosivos o sus listas de pisos francos…

Latas de Oasis y dulces de franchipán

Día tras día nos acercamos al 13, es cada vez más nocturno y opresivo. 8 de noviembre: ingresos de dinero, retirada de efectivo, 2.500 euros. 9 de noviembre: alquiler del Clio, del Polo, del Seat, por Abrini, los hermanos Abdeslam y el segundón Mohamed Amri. 10 de noviembre: alquiler de pisos en Bobigny y Alfortville, en el extrarradio de París. 11 de noviembre: activación de las 14 líneas telefónicas que pondrán en contacto permanente a los «coordinadores» que se han quedado en Bélgica –probablemente los hermanos el-Bakraoui– con los yihadistas a los que la investigadora belga llama «los autores»; sí, así se les llama: los autores de un crimen. 12 de noviembre: el «convoy de la muerte» emprende la marcha. Los iraquíes del Stade de France viajan con Abaaoud en el Seat, los Abdeslam y Abrini en el Clio, los tres del Bataclan con Hadfi en el Polo, que se detiene entre las 15.36 y las 15.41 en la gasolinera Total de Nivelles. Una cámara de vigilancia los filma en la tienda: tres jovenzuelos con cazadoras y zapatillas deportivas que compran latas de Oasis y un paquete de pastelitos de franchipán. Se parten de risa. Saben que estarán muertos la noche del día siguiente, pero que antes de morir habrán matado a mucha gente. Al mayor número posible. ¿A cuánta gente? ¿Hacen pronósticos mientras viajan? ¿Apuestas? Si les hubieran dicho: mañana habréis matado a noventa personas, ¿el número les habría parecido 1) guay, 2) regular, 3) un poco decepcionante?

Confusión mental

Después de las últimas semanas, los últimos días. Las últimas horas. Rivalizando en el arte del suspense, Mohamed Abrini y Salah Abdeslam han anunciado que harían revelaciones cuando por fin llegásemos al 13 de noviembre; pues bien, ya hemos llegado, al cabo de kilómetros de telefonía, cámaras de vigilancia, geolocalizaciones de autopista, investigadores belgas. Empezamos por Abrini, que para la ocasión se ha puesto una camisa blanca. El presidente, afable, le autoriza a quitarse la mascarilla, y entonces él dice: «Tiene usted razón, señor presidente: ¡fuera caretas!». Con este mismo tono teatral tan impropio de él, prosigue: «Todos llevamos máscaras, pero a veces es difícil quitárselas sin arrancarse la piel», frase que una búsqueda rápida permite atribuir al novelista de Quebec André Berthiaume; las referencias de los yihadistas no dejan de asombrarnos. Las revelaciones de Abrini se reducen a esto: «Yo estaba incluido en el día 13». En otras palabras: yo no era el simple acompañante que he pretendido ser a lo largo de toda la instrucción, ni fui a despedirme de mis amigos. No, yo tenía que explosionarme con ellos. ¿Por qué no lo hizo? Aquí es donde las cosas se vuelven confusas. Recapitulemos. En septiembre, Abrini se entrevista en Charleroi con Abdelhamid Abaaoud, que tras regresar de Siria clandestinamente trabaja en la preparación de los atentados. Sin entrar en detalles, sin precisar dónde ni cuándo ocurrirán, Abaaoud le dice que cuenta con él. Abaaoud tiene una gran influencia sobre Abrini, como sobre todos los pequeños delincuentes de Les Béguines. Este no puede negarse a hacer lo que le pide, «enfrentarse a él». Entonces «no digo ni sí ni no, no digo nada», y las semanas siguientes actúa como si no hubiesen hablado. Trabaja en la cafetería Delinice de Molenbeek. Prepara su boda; hasta ahora no se ha abordado esta circunstancia, pero este hombre al que han sondeado para que se vuele por los aires está, además, a punto de casarse. En su fuero interno sabe que no podrá matar indiscriminadamente a gente en la calle y explosionarse él mismo. Pero no se atreve a confesarlo, una vez más para no defraudar a Abaaoud, y participa en los preparativos junto con Salah Abdeslam: alquiler de vehículos, de pisos francos, adquisición de material pirotécnico. La fiscalía señala que hacen todo esto sin adoptar la menor precaución, a cara descubierta, como quien sabe que la cautela carece de importancia porque de todos modos va a morir. «¿Porque usted lo sabía, sabía que iba a morir?» «Sí, bueno», dice Abrini, «lo sabía sin saberlo, para mí no estaba claro, estaba confuso mentalmente, esperaba pasar inadvertido.» El 10 de noviembre pensaba todavía, dice él, que irían en cuadrilla de compras a París. Hasta el día 11 no comprendió que no, «íbamos todos a explosionarnos y todo reventaría». Llega el día 12 y el famoso «convoy de la muerte». ¿Qué sucedió en el Clio donde viajaban Abrini y los dos hermanos Abdeslam? Es, quizá, lo que más me intriga de toda esta secuencia. Se lo preguntan: «¿Cómo describiría usted el ambiente en el coche? ¿Diría que había buen ambiente?». «Pues... era tranquilo. Brahim había puesto un CD de *anashid*...» «Pero ¿usted le había dicho que no iba a participar? ¿Que usted no lo haría?» Aquí Abrini se embarulla. No se acuerda bien, es algo mentalmente confuso. Aun así: tuvo que haber por fuerza un momento en que le dijo a alguien –¿a Abaaoud?, ¿a Brahim?– que no, que no lo haría. O quizá no, quizá hasta el último minuto no se atrevió a decírselo a nadie. Pero, si esto es verdad, ¿cómo conciliarlo con la más sorprendente de sus revelaciones, que Salah, al contrario que él, no iba a participar en los atentados? Siempre en el último minuto, habrían ordenado a Salah –¿quién?, ¿Abaaoud, Brahim?– que cogiera el chaleco explosivo que dejaba libre la defección de Abrini. En este instante, todas las miradas convergen en Abdeslam: él sí sabe si esto es cierto o no. ¿Lo confirmará mañana? Suspense. El convoy llega a Bobigny. ¿Abrini habló en ese momento? Si habló, ¿cómo reaccionó Brahim? ¿Acaso ha designado ya como sustituto a su hermano menor, Salah? ¿Y cómo se lo ha tomado este? No sabemos nada, persiste la confusión en la cabeza de Abrini. Es como si esto transcurriera en un sueño. Quisiera retroceder, pero sigue adelante. Ahora están todos juntos en el chalet de Bobigny que Abrini, junto con Brahim, alquiló la antevíspera. Descargan los maleteros de los coches, colocan en fila contra una pared, como si fueran utensilios de jardinería, los kaláshnikov y los cinturones explosivos. ¿Abrini ha hablado por fin? ¿Con quién? No se acuerda. Tampoco recuerda a qué hora sale del chalet. Bastante tarde, en todo caso se marcha solo. Va andando hasta Noisy-le-Sec, a uno o dos kilómetros de distancia. Cena en una pizzería. A medianoche llama a un taxi que lo lleva a la estación, donde se propone tomar un tren a Bruselas. La explicación más plausible de esta conducta totalmente errática es que no se ha atrevido a decir nada a nadie y ha salido del chalet con cualquier pretexto (fumar un cigarrillo fuera) para huir como si le pisaran los talones todos los demonios del infierno. Lo ratifica lo que hace después: como cabía esperar, no hay un tren de medianoche a Bruselas en la estación de Noisy-le-Sec y, en vez de alojarse en una habitación del hotel Formule 1 más cercano, Abrini convence al taxista de que lo lleve por 450 euros a Bruselas, adonde llega a las cuatro de la mañana. Paga 300 euros en efectivo, se apea del taxi cerca de un bar donde asegura que va a conseguir los 150 euros que le faltan y deja plantado al taxista, demasiado crédulo. Elipsis. La tarde del viernes 13, Abrini está con su prometida, firmando el contrato de alquiler de un piso del que dan de alta los contadores, pagan la fianza y reciben las llaves. Esta visita a la vivienda, en un estado de total disociación, es una escena de Dostoievski: pienso que no había menos confusión en la cabeza del estudiante Raskólnikov después de asesinar a la vieja usurera, ni eran más coherentes las respuestas que da al juez de instrucción Porfirio Petróvich. No sabemos dónde está Abrini cuando estalla la noticia de los atentados de París, no parece que ni él mismo lo sepa muy bien. Sabemos que desde entonces y durante cuatro meses irá de un piso franco a otro. «Me sentía atrapado en un engranaje», dirá. «No quería participar en las acciones que se preparaban, tampoco quería irme. Los demás charlaban, yo pasaba los días nublado, fumando y jugando con la PlayStation.» Reaparece el 22 de marzo, luciendo un sombrero y empujando un carro en el aeropuerto Zaventem de Bruselas, acompañado por Najim Laachraoui y Khalid el-Bakraoui, que saltarán por los aires. También esta vez, Abrini escapa en el último minuto.

«No por cobardía...»

Al día siguiente es el turno de Abdeslam. Solo él puede desmentir o confirmar las revelaciones de Abrini. Enorme expectación. Y golpe de efecto: hoy ejercerá su derecho al silencio. Sin más, no tiene por qué explicarlo. El presidente, desolado, insiste. En vano. Todo el mundo insiste. En vano. No obstante, al final de la vista, Claire Josserand-Schmidt, abogada de la parte civil, apela a su buen corazón con una dulzura tan condolida que él accede a hablar de su novia, Yasmina, con la que cenó el día 10, y a la que le entristece haber hecho llorar al anunciarle que debe marcharse, quizá por mucho tiempo. Después habla del cinturón explosivo, que desistió de accionar «no por cobardía, no por miedo, sino porque no quería hacerlo», y dice que se cuidó de desactivarlo antes de tirarlo a un cubo de la basura para evitar que mujeres o niños pudiesen herirse jugando con él. Respuestas selectivas, todas en su beneficio. En este juicio, la inculpación es siempre comedida y, sin embargo, el fiscal del ministerio público, Nicolas Le Bris, dice, con una cólera fría: «Salah Abdeslam había prometido dar explicaciones y no lo ha hecho. Se las da de vedette, juega al *teasing* (se mofa) y guarda silencio para disfrutar de las reacciones que suscita. No hay una gota de valentía en usted, señor Abdeslam: es pura y simple cobardía». Suscribo totalmente estas palabras, pero no resuelven el problema: Salah Abdeslam, que tanto gusto le ha encontrado a hablar, ¿qué es lo que no quiere decir?

LAS ZAPATILLAS ANARANJADAS DE ABDELHAMID ABAAOUD

El matorral conspiratorio

Los tres yihadistas del Stade de France son los primeros que se explosionaron. Casi al mismo tiempo, los tres del Bataclan entran en acción. Los de las terrazas son más desordenados. En el supuesto de que haya formado parte de este comando, Salah Abdeslam ha desaparecido. Su hermano Brahim salta por los aires en el café Comptoir Voltaire. Dentro del Seat aguardan el jefe del comando, Abdelhamid Abaaoud, y su vasallo Chakib Akrouh. Se ha reconstruido su trayecto de ida desde el piso franco de Bobigny hasta la plaza de la République: trayecto directo, lógico, utilizando el GPS. Después se produce la matanza: 4 etapas, 12 minutos, 39 muertos. Y a partir de entonces, un recorrido extrañamente errático. El Seat da tres veces la vuelta a la plaza de la Nation, se salta direcciones prohibidas: no se entiende nada. Los dos hombres acaban abandonando el coche en Montreuil. Se hallarán en el maletero tres kaláshnikov, varios cargadores, cuchillos de carnicero meticulosamente afilados, con los que continuar la fiesta un buen rato, pero no, lo dejan todo y cogen el metro en la estación Croix-de-Chavaux. Una cámara de vigilancia los muestra saltando los torniquetes como simpáticos golfillos a los que se les deja pasar con una sonrisa indulgente. En este vídeo se ve que Abaaoud lleva unas zapatillas deportivas muy vistosas de color naranja: más adelante desempeñarán un papel importante. Se pierde por un momento el rastro de la pareja. Reaparecen en Aubervilliers, en un terraplén que hay debajo de la autopista A86, al que la policía en su jerga policial llamará el «matorral conspiratorio».

Nadia debajo de la autopista

«No me imagino en absoluto cómo puede ser ese matorral», me dice Nadia Mondeguer durante la vista dedicada a los últimos días de Abaaoud. «Me gustaría ir a verlo.» Los dos estábamos sentados juntos en los bancos de las partes civiles. También estaba a nuestro lado Yann Revol, un joven que estuvo en el Petit Cambodge y que viene todos los días. Digo joven a pesar de que tiene el pelo gris y cuarenta y seis años bien cumplidos porque su aspecto es juvenil, esbelto, y exhibe una suavidad atenta. Es fotógrafo, su testimonio el pasado otoño me pareció sencillo y grave, y ha pasado a ser uno de mis amigos de entre los asiduos del V13. «¿Queréis que vayamos juntos?», dije, y nos citamos la tarde del domingo 10 de abril, día de la primera vuelta de las elecciones presidenciales. Fui a buscar a Nadia a su casa, en el boulevard Voltaire, y cogimos un taxi hasta la porte des Lilas, y allí el autobús 170 porque ella quería acercarse gradualmente, no que simplemente la dejaran allí. De Lilas a la estación Pont du Chemin de Fer, en Aubervilliers, hay unas quince paradas y tantas desviaciones que todo el tiempo teníamos miedo de perder la nuestra. Pont du Chemin de Fer es la estación más cercana al número 2 de la rue des Bergeries, que es la dirección oficial del matorral. La introdujimos en el GPS, pero eso no nos impidió perdernos. Las únicas indicaciones, obtenidas de los testimonios que habíamos escuchado dos días antes, eran que hay una rotonda y después otra, pero en esta zona solo hay rotondas, y elijas la que elijas lleva a otras rotondas. Paisaje suburbano, alambradas, charcos, grafitis en los muros de los bloques de hormigón, depósitos de carne halal. Ningún vehículo, ningún peatón y tampoco viviendas al otro lado de las alambradas. Nadia y yo caminamos al sol, le pregunto qué tiempo hacía entre el 14 y el 17 de noviembre de 2015. Insólitamente bueno para la estación, me responde, por eso había tanta gente en las terrazas, pero después empeoró: acampar como hicieron Abaaoud y Akrouh, tres noches seguidas, no debió de ser una delicia. En el momento en que empezamos a desesperar por llegar a alguna parte, desembocamos en una nueva rotonda en medio de la cual nos espera Yann. Aquí, dice, se encontraba el camión de bocadillos. Nadia asiente con la cabeza: sí, el camión de bocadillos. A mí ese camión no me dice nada, tampoco sabía de qué hablaba Nadia cuando en el autobús ha mencionado «Tarral». Ella ha advertido mi instante de vacilación y ha precisado, un poco molesta: «¡O sea, calle Georges-Tarral, el piso franco de Bobigny!». Nadia y Yann, como muchas otras partes civiles, tienen un conocimiento impresionante del sumario. Lo saben todo, sus conversaciones parecen codificadas. Yann, por su parte, ha venido por la estación de la RER La Courneuve-Aubervilliers, donde se cree que se apearon los dos terroristas. Sin vacilar, nos lleva hasta una segunda rotonda, de la que sale la rue des Bergeries. Es aquí, en este lugar concreto de este polígono industrial, donde Hasna y Sonia fueron a buscar a Abaaoud y Chakrouh. A nuestra izquierda, un descampado vallado por una alambrada. A lo lejos, el almacén de un Lidl y un aparcamiento de vehículos pesados, todos ellos blancos, todos relucientes bajo el sol. A nuestra derecha, el terraplén debajo de la autopista A86. Yo me figuraba un terraplén de hierba pelada como esos donde se agolpan los emigrantes en las puertas de París, pero no era en absoluto nada parecido. El talud es muy vertical, con mucha maleza, muy tupido. El matorral está dentro de esa pequeña jungla. ¿Hay que llamarlo arbusto, maleza, monte bajo? Nadia se sienta en un mojón de hormigón a fumar un cigarrillo mientras Yann y yo escalamos el terraplén. Es realmente empinado, fangoso, resbaladizo incluso en un día seco, me imagino cómo debe de ser una noche lluviosa de noviembre. Nos agarramos a las ramas. En mitad de la cuesta, una especie de rellano sembrado de bolsas de basura despedazadas por las zarzas, colchones viejos de espuma, y los desechos habituales, latas de cerveza, paquetes de tabaco, cartones de pizza, revelan un campamento reciente de personas sin techo. Desde abajo, Nadia nos pregunta: ¿es aquí? Vamos a su encuentro, respondemos que sí. Tiene que ser aquí. Ella aplasta su cigarrillo en la cajita de metal, ya bien llena, donde recoge cenizas y colillas, y menea la cabeza: esto no encaja. Hay algo que no encaja. Yann está de acuerdo y yo estoy de acuerdo con ellos. Aquí hay un misterio. ¿Cómo se explica que el terrorista más buscado de Europa, tras haber abandonado un arsenal que le habría permitido masacrar a unas decenas más de infieles, vaya a parar a un lugar tan improbable, de tan difícil acceso y tan incómodo? ¿Es concebible que no hayan previsto nada, ni un plan A ni un plan B, para organizar su huida? Y mientras que un fantoche como Salah Abdeslam ha encontrado cómplices para repatriarlo, de lo cual hablaremos la semana próxima, ¿él, el gran Abu Omar, se ve atrapado aquí, forzado a pedir ayuda a alguien tan impresentable y tan poco fiable como su prima Hasna Aït Boulahcen?

La prima Hasna es una chica de veintiséis años tremendamente descarriada, que duerme un día aquí y otro allá, más o menos radicalizada, pero cuya militancia consiste, eso sí, sin quitarse el *nicab*, en emborracharse con vodka Redbull, fumar porros de la mañana a la noche, acostarse con quien le apetece y aparecer en su página de Facebook en pelotas dentro de una bañera espumosa. Por el momento la hospeda en Saint-Denis su amiga Sonia, madre de tres hijos, que trabaja de voluntaria en los Restos du Cœur de Saint-Denis y recoge a todos los gatos descarriados del vecindario, en el sentido literal y el figurado. La noche de los atentados se pelean, Hasna dice que cuando eres un buen musulmán es normal que mates a *kuffars*, y Sonia responde, sin tomarla del todo en serio: «No digas disparates». El domingo Hasna le dice a Sonia que tiene un primo de diecisiete años que vive en la calle: «¿No podríamos ayudarlo?». «Desde luego», dice Sonia, que nunca se niega a ayudar a alguien, y las dos salen en coche hacia Aubervilliers guiadas por el móvil del primo, porque el lugar es difícil de encontrar. El juego de pistas termina en la rotonda desierta donde Nadia y yo nos reunimos con Yann y donde estaba por entonces el famoso camión de bocadillos. Desde allí, las dos mujeres recorren la rue des Bergeries, como nosotros acabamos de hacer, hasta la segunda rotonda. Se apean. Un movimiento entre los matorrales, ramas removidas y el primo baja del terraplén y planta en el asfalto sus zapatillas anaranjadas. Es muy bajito y lleva una chaqueta bomber y un gorro bob en la cabeza. Sonia dirá que se parece a los rumanos que aprovechan los atascos en la porte de la Chapelle para lavar a la fuerza los parabrisas de los coches para que les den 50 céntimos. Lo que es seguro es que no tiene diecisiete años, sino más bien treinta y cinco. Estrecha la mano de Sonia, a la que cada vez le cuesta más comprender la situación y, asaltada por una sospecha repentina, le pregunta si tiene algo que ver con los atentados. «Sí, hermana, no voy a mentir porque a Alá no le gusta la mentira. Soy yo el de las terrazas del distrito X.» Parece muy satisfecho de sí mismo, y Hasna, por su parte, irradia orgullo. Al cabo de un momento de estupor, Sonia dice que es horrible haber matado a inocentes, que eso es lo contrario del islam, y él se irrita, dice que algo aún peor que los infieles son los falsos musulmanes como ella, y que se propone rematar el trabajo que ha empezado. Pronto llegarán las fiestas navideñas y él va a atentar contra grandes almacenes, escuelas, lugares donde haya judíos... Pronto va a reunirse con noventa hermanos yihadistas, va a ser algo grandioso, ¡pam, pum, pum! Hasna y Sonia se marchan, la primera ha prometido encontrar alojamiento a su primo, la segunda está devastada y sin saber qué hacer. Al volver a casa se lava con lejía la mano que ha estrechado la de Abaaoud; siete años más tarde dirá que a veces sigue haciéndolo. No duerme por la noche. Por la mañana (es lunes 16), las dos mujeres ven en la televisión las imágenes de la matanza, proyectadas continuamente desde hace tres días, y de pronto aparece la cara del primo, presentado como el cerebro de los atentados. Se cree que los ha teledirigido desde Siria, ellas son las únicas que saben que no está en Siria, sino con su compinche en la rue des Bergeries, debajo de la autopista A86. El orgullo de Hasna alcanza su apogeo: el primo sale en la tele. Un honor para su familia. En términos generales, Hasna considera que todo lo que ocurre estos últimos días ocurre en la tele, sin una relación muy clara con la vida real. Sonia intenta que razone: los dos chicos aguardan a otros cómplices, preparan un nuevo atentado, si no hacen nada morirán decenas de inocentes. No hay otra alternativa que llamar a la policía. Hasna la mira horrorizada, dice que *wallah* (señor), su primo, es un héroe, los *kuffar* tienen bien merecido lo que les sucede y además, de todas formas, denunciar, eso no se hace. Entonces Sonia espera a que Hasna se vaya para llamar al número verde implementado después de los atentados. La mandan de un servicio a otro según la confusa jerarquía de los interlocutores, es la llamada 2.476 de ese día, y no la habrían tomado en serio si ella no hubiera mencionado las zapatillas anaranjadas del primo, las que se ven en el vídeo del metro y de las que nunca habían hablado los medios de comunicación. Zafarrancho de combate policial. Sonia da el número de Hasna y le pinchan el teléfono.

«Lo que ha ocurrido últimamente»

Todas las comunicaciones telefónicas de los dos últimos días de la vida de Hasna Aït Boulahcen fueron grabadas y figuran en el sumario. Es un documento alucinante, que puede leerse íntegramente en *Un temps pour haïr*,[1] de Marc Weitzmann, uno de los mejores libros que se han escrito sobre el yihadismo. Entre Bobigny, donde ella vive, Aubervilliers, donde encuentra a su primo, y Saint-Denis, donde pronto va a morir, Hasna va de un restaurante de comida rápida a un centro comercial, habla sola, se golpea como una avispa borracha dentro de un vaso. Enganchada al móvil busca: 1) hachís; 2) dos trajes que Abaaoud le ha pedido que compre para que Akrouh y él estén bien vestidos en la Défense, donde planean explosionarse durante el fin de semana; 3) un piso franco. Compra el hachís, pero pierde una chinita por el camino, y eso la hace llorar. Nada indica que buscara de verdad los trajes. Tiene más suerte con el piso: su camello la pone en contacto con un tal Jawad Bendaoud, camello a su vez, pero que también comercia con camas calientes en

1. Marc Weitzmann, *Un temps pour haïr*, París, Grasset, 2018.

Saint-Denis, donde alquila un piso okupa por 150 euros mensuales en un inmueble situado en el 8 de la rue du Corbillon, código de entrada A1218. Hace todo esto sin parar de beber y fumar, y no comprende bien de qué va –como ella ha escrito en varias ocasiones: «chai pas ski pas» (no sé qué pasa)–, pero nadie a su alrededor lo sabe tampoco. En un momento dado entabla un diálogo de locos con un trabajador social que la llama para ayudarla en sus búsquedas, totalmente inactivas, de domicilio y trabajo. La llamada la molesta porque dice: «No he dormido, me he pasado con el alcohol. He visto a mi primo, ha salido en la tele». «Ah, ya, ¿por lo que ha ocurrido últimamente?» «Sí, por eso. Lo buscan, ha salido en la tele. Y yo estoy impactada, la verdad es que no me siento muy bien.» El otro dice sí, vale, y aborda la causa de la llamada: una posibilidad de encontrarle un empleo temporal en un restaurante de comida rápida, tendrá que llamar el lunes. Pues hasta el lunes. Una chica que él sabe inestable y radicalizada dice que ha visto a su primo, que ha salido en la tele porque lo buscan «por lo que ha ocurrido últimamente», es decir, los atentados más sangrientos de la historia de Francia, y el trabajador social no reacciona. Cuelga. No como Sonia, seguro. Sonia sabe muy bien que al llamar a la policía y delatar al primo quizá haya dictado su sentencia de muerte.

El Corbillon

Lo que no comprendo, dice Nadia, no es solo que los dos chicos se hayan encontrado en ese matorral, sino también que la policía no haya hecho nada sabiendo con toda exactitud dónde estaban. Aquí. En este lugar donde estamos ahora, vigilado por cámaras colocadas en dos puntos de la rue Marcel-Carné, que da a la rotonda, en la perpendicular del matorral. Sería muy fácil trincarlos. No hay viviendas, nadie alrededor, el desierto. Con el ruido de la autopista ni siquiera se oirían los disparos. Hasta quizá podrían pillarlos vivos: el juicio sería muy distinto si Abaaoud estuviera en el banquillo. Pero no, los vigilan sin hacer nada desde las 22 horas del lunes 16 hasta las 20 horas del martes 17. Filman la llegada de Hasna cuando va a buscarlos la noche del martes. A ellos los graban cuando salen del matorral. Se ven muy bien las zapatillas de color naranja. Los tres van andando hasta el camión de bocadillos que entonces estaba estacionado en la primera rotonda y que ahora ya no está. Hasna llama a un taxi, lo esperan, no llega. Pregunta a un tío que come un bocadillo si puede llevarlos más lejos, a Saint-Denis. Resulta que el tío es un conductor de Uber, dice que sí, está dispuesto a llevarlos por 20 euros. Al llegar a su destino le dirán que solo tienen 10, el chófer no tendrá más remedio que aceptarlos, al igual que el taxista que trasladó a Abrini. ¿Por qué, entonces, por qué haber esperado? Los policías dirán que tenían miedo de que en el exterior se escapasen, miedo de que hubiera más yihadistas. Es mejor una ratonera. Lo cierto es que esperaron, que les permitieron instalarse a los tres tranquilamente en la rue du Corbillon y que la RAID no inició el asalto hasta las cuatro de la madrugada. Las personas que vivían en el edificio no se han repuesto. Los ninjas les derribaron la puerta, les pusieron esposas, les torcieron los brazos, les rompieron los dientes por si eran terroristas, y sin perder un segundo en explicarles lo que sucedía. Se dispararon 5.000 balas, todas ellas por la policía, convencida de que Abaaoud y Akrouh estaban sentados encima de un arsenal cuando aparte del cinturón explosivo no tenían más que un arma corta. La lluvia de metralla era tan densa que los setenta hombres de la RAID tomaron por disparos enemigos las balas disparadas por sus propias filas. El asalto duró siete horas. Hubo un momento en que se oyó gritar a Hasna: «Señor, ¿puedo salir?

¡Por favor, señor, déjenme salir!». Hasta el final no habrá comprendido nada de lo que le ocurría. Poco después, Akrouh se explosiona, matando a Abaaoud y a Hasna al mismo tiempo que a él mismo. Por la mañana, el edificio hacía pensar en Grozni, como se decía entonces, hoy hablaríamos de Mariúpol. Decenas de equipos de televisión franceses y extranjeros siguieron el suceso en directo, desde el alba hasta el mediodía. Críos del barrio organizaron un mercadillo en la calle, como en Les Puces,[1] para vender a los periodistas que habían llegado tarde vídeos filmados con sus móviles. En ellos no se veía prácticamente nada, pero fueron proyectados continuamente, de una cadena a otra, durante al menos dos días.

Leyendas

Los periodistas encontraron un contrapunto cómico a este despliegue de violencia y de horror en la persona de Jawas Bendaoud, que, entusiasmado por salir en la tele, no paraba de repetir: «Yo, cuando me piden un favor, lo hago». Convertido en viral en las redes sociales, este *sketch* le valió al complaciente arrendador de camas el apodo de Century 21. Juzgado y puesto en libertad en primera instancia, el recurso de apelación lo ha condenado a cuatro años de cárcel.

Los inquilinos del número 8 de la rue du Corbillon habitaban ya en un edificio insalubre con fama de ser una guarida de putas y camellos. Destruido el edificio, los evacuaron y alojaron durante varios meses en un gimnasio provisto de catres, y nunca los han realojado realmente. Lo han perdido todo, no les han devuelto nada. Se hace menos caso de la gente de las terrazas que de la del Bataclan, menos caso de la del

1. Les Puces (las pulgas) es el rastro de París. (*N. del T.*)

Stade de France que de la de las terrazas, pero a los inquilinos del Corbillon, como no son víctimas del terrorismo, sino de la RAID, no se les considera con derecho a constituirse en parte civil. Eran los más pobres antes y son los más pobres después, el *lumpenproletariat* de las víctimas. Algunos se armaron de valor para asistir al juicio del V13. Hablando mal francés, sollozando, sonándose la nariz, han intentado como han podido expresar que ellos habían sido los pringados y que seguían pagando el pato aunque no estuvieran muertos, lo cual les recordaban casi como un reproche. Una señora serbia se presentó en el estrado con su hijita de tres años que gritaba y correteaba por todas partes: eso incordió al presidente. Si hubiera sido la hija de una joven rubia del Bataclan, la pequeña habría enternecido a todo el mundo. Justicia de clase, evidentemente, y más vale no aventurarse demasiado en el terreno resbaladizo del doble rasero si no se quiere plantear la cuestión que plantearía un Vergès: nuestros 131 muertos son un acontecimiento mundial, se sigue conmemorando siete años después, hemos celebrado un juicio histórico, rodado películas, escrito un libro como este, mientras que a todo el mundo le importan un bledo los 131 sirios o iraquíes aplastados por bombas norteamericanas (o por Bachar o por Putin), es una nota de prensa de la agencia AFP.

El cuerpo de Chakib Akrouh fue encontrado en seis pedazos, a los que se les practicó, uno por uno, el arreglo mortuorio, y luego los inhumaron en el cementerio musulmán de Evere.

Unos días después del 18 de noviembre, Sonia fue declarada muerta. Su certificado de defunción consta en el registro civil. Ya no existe. Sin embargo, compareció en la audiencia. Como una sombra chinesca y con la voz alterada, contó una parte de lo que ustedes acaban de leer y de lo que le aconteció después. «El suyo fue un acto de gran valentía», manifestó solemnemente el fiscal François Molins, y a continuación ella y su familia fueron inscritas en un servicio denominado el SIAT (Servicio Interministerial de Asistencia Técnica) que desde hace siete años las obliga a vivir, a ella y a su familia, en una clandestinidad total. Todos han cambiado de estado civil, de domicilio, de biografía, como Salman Rushdie, como Roberto Saviano, como en *Le bureau des légendes*.[1] Los hijos han crecido en esta zona crepuscular, indetectables, siempre mudándose, siempre temiendo que les pidan un documento administrativo que no tienen, siempre expuestos a una mirada intrigada. Que alguien los reconociera podría ser el comienzo de la catástrofe. El operativo que los protege se inspira en programas para *pentiti*, los arrepentidos de la Camorra o de las Brigadas Rojas en Italia. Esta palabra, *arrepentido*, suena rara tratándose de una mujer que ha salvado decenas de vidas renunciando para siempre a una vida normal para ella y los suyos. Sonia no se arrepiente; ¿de qué iba a arrepentirse? Pero sobre todo nos dice que no lo lamenta. No lamenta nada. Si tuviera que volver a hacerlo, aun a sabiendas de en qué laberinto se metería, volvería a hacerlo. Si Sonia no es una heroína, no sé qué hay que hacer para serlo.

1. Serie de espionaje de la televisión francesa. (*N. del T.*)

LA ÚLTIMA VERSIÓN DE SALAH ABDESLAM

El tobogán

Acordada o no con sus abogados, su estrategia de defensa es postergar todo lo posible, hasta el absurdo, el momento en que comprendió que lo único que hacía desde el verano de 2015 era preparar los atentados. ¿Los cinco viajes a Hungría o a Alemania para «recoger a personas»? Para él eran repatriación humanitaria. ¿El alquiler de coches, de pisos? Ayudaba a musulmanes en peligro, del mismo modo que actualmente otros ayudan a refugiados ucranianos. ¿Las compras de material pirotécnico? Para tirar fuegos artificiales, ¿para qué, si no? ¿Y la cena con su novia, el 10 de noviembre, durante la cual había llorado porque iba a marcharse y nunca volvería a verla? Porque estaba a punto de viajar al Sham. Nada confirma este proyecto, ni ninguna clase de preparativos ni un billete a Turquía: nada. En resumen, Salah Abdeslam no vio nada, no oyó nada, no sospechó nada hasta que su hermano Brahim, el 11 de noviembre, lo lleva a Charleroi, donde lo espera, en su piso franco, Abdelhamid Abaaoud. Hace dos años que Salah no lo ha visto, no sabía que hubiera vuelto a Bélgica. Y de pronto Abaaoud le anuncia, mirándole a los ojos, que lo han elegido para explosionarse en París dentro de dos días. ¡Dentro de dos días! Mohamed Abrini cuenta que le reclutaron de la misma manera, pero en septiembre: dos meses antes es, sin duda, más creíble que dos días. Pongamos a prueba, en principio, la hipótesis de que sea una pura mentira. La única explicación posible de esta fecha increíblemente tardía sería que Abdeslam fue reclutado en el último minuto para sustituir a Abrini, que acababa de tirar la toalla. Es lo que dice el propio Abrini, pero hay el problema de que es incapaz de precisar cuándo desistió exactamente. No dice cuándo, pero también él corrobora que muy tarde. No dos días antes de los atentados, no antes de que se ponga en marcha el convoy de la muerte, y quizá no antes de la llegada a Bobigny; quizá, simplemente, en ningún momento. Abrini y Abdeslam han pasado todo el juicio juntos en el banquillo. Se les ha visto charlar y reírse, y luego, a medida que se acercaban a los últimos interrogatorios, sus conversaciones se han vuelto visiblemente más tensas y el presidente los ha separado. Y ahora ambos exponen como sus verdades últimas relatos contradictorios. «No hay que creer todo lo que dice Abrini», comenta Abdeslam condescendiente, «pero a veces dice la verdad.» Últimamente predomina la impresión de que los dos tratan de arrebatarse el protagonismo del juicio. Recapitulemos. La tarde del día 11, Salah Abdeslam ve a Abaaoud. Reflexiona durante toda la noche del 11 al 12. Comprende que no podrá hacer lo que le piden. No posee el fuego sagrado, matar a gente no es para él: eso es lo mismo que se dijo, o asegura que se dijo, a sí mismo Abrini. Pero ya está en el tobogán. La tarde del día siguiente, el convoy de la muerte rueda hacia París. Abdeslam es el que conduce el Clio. Brahim, en el asiento trasero, escribe varios SMS. En esta versión no se habla de *nashid.* Abrini calla. De los tres futuros kamikazes, si es que se les cree, dos han decidido no hacerlo, pero por el momento se lo guardan para ellos. Sin duda tienen miedo de sincerarse con Brahim, y no digamos con Abaaoud. Ninguno de los dos relatos tiene en cuenta esta evidencia: cuando debes participar en un atentado del Estado Islámico, anunciar la víspera que al final no, que desistes, tiene que acarrear consecuencias. Debes esperar otra reacción que la de «*Wallah*, no jodas, hermano, contábamos contigo...». ¿Abrini se figura lo que piensa Abdeslam? ¿Abdeslam se imagina lo que piensa Abrini? Llegan a Bobigny. Brahim le entrega el cinturón explosivo, pero no hablan de lo que van a hacer al día siguiente. Comen en silencio, saben que dentro de veinticuatro horas estarán todos muertos, salvo Abrini, que se larga sin avisar a nadie y sin que sepamos cómo se lo han tomado los demás. No nos lo cuenta, y Abdeslam, que podría contárnoslo, tampoco lo hace.

El café de la esquina

Y llega el día 13. Al parecer, Salah Abdeslam sigue sin comunicar sus dudas. A primera hora de la tarde, Brahim y él se van en taxi para reconocer el terreno. Más concretamente, es Brahim el que señala sus futuros objetivos a su hermano menor. El programa: primero llevar al Stade de France a las tres bombas humanas. Después explosionarse él mismo en un café del distrito XVIII. Este café es una novedad, y una novedad especialmente inverosímil. Todos los demás han sido reclutados hace meses y actúan de tres en tres: ¿quién va a creer que han enviado a actuar solo al combatiente con menos experiencia, al que han ido a sacar del banquillo hace dos días? De ese café misterioso, surgido como un conejo de una chistera, solo sabremos que estaba en el cruce de dos calles. No sabremos tampoco de qué hablan los dos hermanos durante esta última expedición juntos. Cuando vuelven a Bobigny ya es hora de ponerse en marcha, incluso se han retrasado. Abdeslam sube al Clio con los dos iraquíes, que no hablan una palabra de francés, y con Bilal Hadfi, que suda la gota gorda porque ya no está seguro de querer morir a los veinte años. Por desgracia, se las han arreglado para calcular mal la duración del trayecto durante el viaje de reconocimiento, o bien este ha durado demasiado tiempo, y en consecuencia llegan con retraso, las puertas del estadio están cerradas. En vez de la gran matanza planeada solo habrá una víctima mortal, aparte de los tres kamikazes con sus camisetas del Bayern de Múnich. Abdeslam no se entera de esto. Deja allí a los tres y se marcha sin esperar al ruido de las explosiones. Circula hasta el café de la esquina en el XVIII. Aparca el coche. Se dirige al Comptoir. Pide una bebida. Es el primer momento en que está solo desde su salida de Charleroi la víspera. Mira a su alrededor. Hay jóvenes, muy jóvenes, que se divierten. Algunos bailan. Él podría ser uno de ellos, haberse puesto como ellos una camisa bonita y perfume detrás de las orejas. Definitivamente no va a poder hacerlo. No está hecho para eso. En el ardor de la acción, arrastrado por los demás, quizá hubiera podido, pero aquí no. Brahim, que va a explosionarse o acaba de hacerlo en el Comptoir Voltaire, no ha tenido tiempo de pararse y mirar a la gente. En cuanto te paras a mirar a la gente se acabó. Abdeslam vuelve a montar en el Clio, que sufre una avería. Lo abandona. Entra en una tienda de telefonía, donde compra un móvil barato en el que inserta una SIM virgen, comprada semanas antes con el nombre de Pierre Loti, cosa que da tanto que pensar como los títulos de Sacha Guitry en el ordenador de la rue Max-Roos. Llama en su ayuda a su amigo Mohamed Amri y le explica que está metido en un «accidente chungo».

¿Y en qué consiste, ese accidente chungo? ¿En una avería, un accidente de tráfico, una pelea de resultas de un choque? Abdeslam no lo precisa, ni Amri le ha pedido que lo haga. Le dice a Abdeslam que no puede ir a ayudarlo, está trabajando. Abdeslam insiste, está bien jodido, es algo serio. Bueno, dice Amri, voy a ver qué puedo hacer, voy a llamar a Attou. Con el poco dinero que tiene, Abdeslam coge un taxi y atraviesa París hasta el extrarradio sur. Las noticias, en la radio. No se imaginaba la magnitud de los atentados. El taxista, un magrebí, se queja constantemente: «Todo esto va a recaer en nosotros, los musulmanes». Abdeslam: «Eso agrava mi angustia» (en términos generales, presta mucha atención a su angustia). En Montrouge tira a un cubo de la basura el cinturón, que ha desactivado lo mejor que ha podido, quizá arriesgando su vida. En Châtillon toma una hamburguesa en un Quick y después se refugia en un edificio de la cité Vauban; ¿por qué Châtillon, por qué la cité Vauban? Encuentra a otros jóvenes okupas que fuman en el hueco de la escalera. Hablan de los atentados, ven en la pantalla de un móvil las imágenes de las terrazas y del Bataclan. No se ha localizado al taxista, pero sí a estos chicos. Recuerdan a un Abdeslam majo y hasta sonriente, pero nervioso. Les habla de su novia, dice que la ama y que teme perderla. Cada poco tiempo sube o baja la escalera para telefonear. Sabemos que llama a Amri y a Attou. Hay un momento en que se duerme en los escalones, recostado contra la pared y con la cabeza dentro del anorak. Amri y Attou llegan a las cinco y media de la mañana. Dirán que Abdeslam está como aturdido, en un trance, y él a su vez los ve también obnubilados porque al fin han comprendido lo que ocurre en realidad y lo que es el accidente chungo. Se dirigen hacia el norte de París por la circunvalación, enfilan la autopista hacia Bruselas. Abdeslam preferiría viajar por las carreteras nacionales, pero están bloqueadas. También le habría gustado parar en un hotel, pero los otros dos no quieren. Los imaginamos en el Golf de Amri: un sueño despierto, una pesadilla febril. Llegan a Molenbeek. Ali Oulkadi reemplaza a Amri y Attou: contaré este episodio más adelante. Abdeslam se reúne en su piso franco con los demás miembros del grupo, los hermanos el-Bakraoui, Laachraoui, además del eterno acompañante, Abrini, que le abre la puerta. Es un momento difícil: tiene que explicar a los hermanos que su cinturón no ha funcionado. Incredulidad, cólera, la situación degenera, lo abroncan, pero él se mantiene en sus trece, en la versión que ahora repite que era mentira; la verdad es que no ha desistido ni por un fallo técnico ni por cobardía, sino «por humanidad». En adelante, dice, «ya no hago más preguntas. Tengo un refugio, estoy allí, espero. Me gustaría irme al Sham pero mi cara está en todas partes, imposible salir a la calle». Pasa de un piso franco a otro hasta el 18 de marzo, cuando lo capturan cuatro días antes de los atentados en el metro y en el aeropuerto de Bruselas, en los que no se sabe si debía participar, pero esto compete al juicio belga, aún por celebrarse, y no nos incumbe.

El consuelo

Después de torearnos estos últimos días como una caprichosa estrella del cine («A veces hablo, a veces no hablo», depende de si son amables conmigo y si las preguntas me convienen), finalmente cuenta su verdad, la versión definitiva, la versión para la historia, al igual que se habla de juicio para la historia a propósito del V13, y esta versión es una cadena de incoherencias e inverosimilitudes. Se escalona a lo largo de tres días de interrogatorio y concluye con una especie de exposición en forma de diálogo con su abogada, Olivia Ronen, que está excelente, sin duda, excepto por el hecho de que, también sin duda, no me gusta que en la vista ella lo llame Salah. En esta última recta, sin embargo, y con ayuda de Ronen, él consiguió emocionar. Perforó la coraza, como suele decirse. Habló de su madre, se tragó un sollozo convincente. Pidió perdón a los tres pobres diablos, Amri, Attou y Oulkadi, a los que ha enmerdado, y a las víctimas, entre las cuales es evidente que él se incluye. Dijo asimismo algo extraño, creo que a la vez sincero y obsceno. «No sé si las víctimas me guardan rencor (*¡rencor!*) pero yo les digo: no dejen que el rencor les asfixie. Hay mucha oscuridad en esta historia, pero también hay una luz que brota... Quizá sea una torpeza decir esto delante de las víctimas, pero es lo que he sentido al escuchar a algunas de ellas. Han salido más fuertes de esta prueba, se han vuelto mejores, han adquirido cualidades que no se venden en el supermercado...» No voy a contradecirle, yo también lo he pensado. Pero no estoy seguro de que felicitarlos por su entereza sirva de consuelo a los damnificados. Este fin de semana de Pascua, al hojear mis libretas del principio del juicio, me he tropezado con este otro final de testimonio: «Al salir del hospital creí que iba a aprovechar la vida el doble. Y en realidad soy como mucho la mitad del que era. Hay personas para las que debe de ser cierta la frase que te dicen siempre: "Lo que no te mata te hace más fuerte", pero no para mí. Yo sigo luchando, pero, de hecho, me han condenado a cadena perpetua».

Un número fácil de recordar

¿Es fácil memorizar un número como el 0032-486-977-742? Discutieron al respecto en el último interrogatorio de Mohamed Amri. La noche del 13 de noviembre, Abdeslam había partido para explosionarse sin un móvil, no lo necesitas para volar por los aires. Cuando desistió y empezó a buscar un medio para regresar entró en una tienda a comprar uno que evidentemente no tenía su lista de contactos. Si pudo llamar a Amri fue, por tanto, porque se sabía su número de memoria. ¿Por qué se lo sabía de memoria, cuando desde la aparición de los móviles los usuarios sabemos de memoria muy pocos números, y a veces ninguno? Según la fiscalía, porque eran íntimos, un hecho que perjudica a Amri. Según Amri y sus abogados, Negar Haeri y Xavier Nogueras, porque es un número fácil de recordar. Es subjetivo. «De todos modos, habría preferido que no se lo supiese de memoria», dice Amri. Pero, ay, Abdeslam lo ha retenido mentalmente y, a las 22.30, Amri recibe en el SAMU social de Molenbeek, donde trabaja, la famosa llamada de Abdeslam en que le dice que está en Francia, que ha sufrido «un accidente chungo» y que necesita ayuda. Abdeslam llora al teléfono, igual que lloró tres días antes al notificar a su novia que se marchaba. No dice en qué consiste concretamente el «accidente» ni desde dónde lo llama –está en Francia, eso es todo–, y cuando Amri, esa noche, un poco más tarde, se entera de que ha habido unos atentados terribles en París, no los relaciona con Abdeslam. Los fiscales lo dudan y piensan que obró con conocimiento de causa cuando fue a salvar a un combatiente del Estado Islámico. La defensa lo describe como un buen chico ingenuo que no deja en la estacada a un amigo en apuros. Todo el mundo sabe que un auténtico amigo es ese al que puedes llamar a las cuatro de la madrugada porque has hecho una gilipollez y se presenta con la alfombra para enrollar el cadáver dentro del maletero del coche. Amri es de esos amigos. No puede ir de inmediato, pero piensa en su compadre Hamza Attou, un camello endeble que trafica en el café Les Béguines. Attou no tiene coche ni carné de conducir; el carné es una nimiedad, el coche, en cambio, es imprescindible. Abdeslam llama cada cinco minutos, insiste, llora. Al final, Amri y Attou deciden ir juntos. Podrían ser una pareja de cómic: el grandullón encantador y buenazo y el pequeño intranquilo y astuto, salvo que, en realidad, a fuerza de fumar diez porros al día desde la infancia, Attou es todavía más buen chico que Amri. Parten hacia la una de la madrugada en el Golf de Amri, viajan escuchando música, tan colocados como tienen por costumbre. Es un viaje normal, bastante *cool*, no saben que se dirigen hacia el infierno. En la gasolinera donde paran para repostar, Attou se entera por el cajero de los malos rollos que ha habido en París, pero Attou no se interesa por la actualidad, es un chico que no tiene *smartphone*, sino solo dos movilcillos de camello que cuestan 20 o 30 euros, cuyas fotos harán proyectar sus abogados para mostrar hasta qué punto Attou estaba mal equipado e informado. Total, que cuando le hablan de los atentados no se entera, y, en realidad, tampoco Amri. En ningún momento del viaje hablan de ellos y, además, los dos juran que ni siquiera sabían que iban a París. Abdeslam les ha dado una dirección (el número 1 de la allée Vauban, en Châtillon), introducen «Châtillon» en el GPS sin saber que es la periferia cercana a París. Podría haber sido Cantal, daba lo mismo.

Catatónico

A las cinco y media de la madrugada localizan a Abdeslam en las quimbambas, al pie de un edificio de viviendas sociales. Está muy mal, sudoroso, respira fuerte y suelta al instante que les ha mentido, que el accidente chungo era esto: estos gigantescos atentados. Su hermano Brahim tenía que explosionarse, no sabe si lo habrá hecho, él también debía detonarse, era el décimo miembro del comando, hay que volver, volver cuanto antes a Bruselas. Por muy atontados que estén los otros dos, caen desde las nubes a ese estado de trance, de fiebre y de pánico del que ambos hablan de una forma convincente. El fiscal y los abogados de las partes civiles los bombardean con preguntas racionales, sin tener en cuenta la evidencia de que no actuaban racionalmente. Sí, si hubieran sido ciudadanos responsables, le habrían dicho a Abdeslam: «Sal de este coche ahora mismo, queremos ayudar a un amigo en apuros, no proteger a un terrorista». O se habrían dado a la fuga mientras Abdeslam iba a los aseos de la gasolinera. O habrían llamado a la policía. Se lo habrían pensado dos veces si hubieran conocido la diferencia penal entre encubrir a un malhechor (no demasiado grave) y encubrir a un malhechor vinculado con una organización terrorista (veinte años de reclusión). Por desgracia no estaban en condiciones de pensárselo. Amri repite continuamente que estaba «catatónico» y el adjetivo, forzosamente, es rebuscado, da la impresión de que se lo han soplado sus abogados, pero yo pienso que describe perfectamente su estado. El trayecto de ida había sido nebuloso pero tranquilo, el de vuelta es una febril pesadilla. Abdeslam dormita en el asiento trasero con la capucha puesta. Hubo un momento en que Amri le habría dicho: «No está bien lo que habéis hecho», y él le habría respondido: «Cierra el pico, no tienes ni idea de religión».

«Se han pasado un poco»

Una escena muy corta, sin embargo, atenúa la descripción como una pesadilla de este viaje efectuado en un estado de trance por tres hombres «catatónicos». En la autopista, en las primeras horas del sábado 14 de noviembre, han franqueado no menos de tres controles de la policía. En el primero les controlan rápidamente sus documentos de identidad; en aquel momento todavía no buscan a Abdeslam como el enemigo público número uno. En el segundo, el gendarme se percata de que su coche huele como si fuera una tableta de hachís sobre ruedas, pero esta noche hay cosas más importantes, por esta vez que pasen. Amri se acuerda de que Salah lo hizo reír y en cierto modo le levantó los ánimos. Estaba contentísimo por haber engañado a los polis. De ahí, sin duda, el ambiente distendido del tercer control. En el peaje, una periodista belga entrevistaba a los automovilistas sobre el efecto que les producían todos aquellos controles, todo aquel jaleo, y les tendía el micrófono. Parece una locura, pero tenemos realmente una entrevista con Abdeslam, Amri y Attou en su coche hacia las siete de la mañana del 14 de noviembre. La escuchamos en la audiencia, dura a lo sumo veinte segundos y la verdad es que no parecen estar en absoluto obnubilados ni catatónicos, sino más bien ligeramente guasones, tres mozalbetes pirados y dicharacheros. «Nos ha parecido que se han pasado un poco… Ah, sí, es verdad, se han pasado... Pero hemos entendido por qué, es normal, con la que está cayendo...» Circulen.

Mohamed Amri come huevos fritos

Una vez en Bruselas, la única obsesión de Amri es volver a su casa, apoyar la cabeza en la almohada e intentar contarse que no ha pasado nada y que solo ha sido un mal sueño. Abdeslam necesita cambiarse de ropa, cortarse el pelo, un último conductor que lo lleve al piso franco de Schaerbeek donde espera encontrar a los demás, temeroso, y con razón, por cómo lo recibirán. Para esta última etapa, Attou llama como refuerzo a su amigo Ali Oulkadi, que se presenta sin pensar en nada malo, supone que es para un trapicheo, el motivo de sus relaciones y, en general, de todas sus interacciones. Amri tiene tanta prisa por largarse que, apenas llega Oulkadi, se precipita al metro y deja a Attou las llaves de su amado Golf. El presidente le preguntará si creía que había terminado su misión, y la pregunta lo deja boquiabierto: ¿misión, qué misión? Es como *repatriación*, una palabra que ni siquiera conocía. Cuando llega a su casa, hacia el mediodía, su mujer no le pregunta de dónde viene ni qué ha estado haciendo esa noche. Él le dice que ha ayudado a un amigo, los amigos son sagrados, y ella no trata de averiguar más. Le prepara unos huevos fritos. Él se los come en silencio. Intenta dormir, pero no lo consigue. Sabe que le esperan problemas gordos, muy gordos, y casi siente alivio cuando la policía viene a detenerlo a las 15.30. Su mujer, Kim Timmermans, es comadrona. Cuando ha testificado en el juicio hemos apreciado su insolencia, su salud robusta y su fidelidad. Tiene mérito: Mohamed Amri es un individuo ya limitado, cabe decir que es un *loser* y está en la cárcel desde hace seis años por su implicación en un expediente gravísimo de terrorismo. Otras lo habrían abandonado, pero no Kim Timmermans, que no lo ha dejado nunca, no ha rehecho su vida con nadie, desde hace seis años va a visitarlo y estará esperándolo cuando salga, si sale. Los abogados de Amri presentan a esta flamenca rubia, de ojos azules y tez rosada, no solo como la oportunidad de la vida de su marido, sino como la prueba viviente, si hacía falta alguna, de que no estaba radicalizado. Sin negar sus robustas cualidades morales, la acusación señala, no obstante, que en su página de Facebook Kim se describe como «sierva de Alá». Todo esto es complicado.

El hombre del último kilómetro

Ali Oulkadi conocía poco a Salah Abdeslam, era sobre todo amigo y vasallo de Brahim. El último recuerdo que tiene de él data del 11 de noviembre: una partida de cartas en Les Béguines. Hubo un pequeño altercado, nada serio, pero Brahim se enfadó y su enfado, en retrospectiva, sorprendió a Oulkadi, que se calentara por una cosa así cuando dos días más tarde... No quedaba nada que fumar y llamaron a Attou, que no contestaba, y entonces Oulkadi decidió marcharse. Dijo adiós, hasta mañana, es la última vez que vio a Brahim. Como se veían casi a diario, le pareció raro no tener noticias de él y el sábado 14, entre las 12.03 y las 12.18, mientras el Golf de Amri se acercaba a Bruselas, lo llamó siete veces. Dice que no relacionó el silencio de Brahim con los atentados. Por las primeras imágenes que vio en la tele por la mañana, sin sonido, pensó que se trataba de un atraco o algo parecido. Asiente cuando le comentan que habría sido un tanto extraño que la televisión belga emitiera reportajes ininterrumpidos sobre un simple atraco en París. Pero, bueno, es lo que pensó. En todo caso, Attou le llama hacia las 13 horas y lo localiza en un café en compañía de Amri, que los deja plantados enseguida, y de Salah Abdeslam, que, muy nervioso, repite que está en un aprieto porque todo está a su nombre, los coches, los pisos, y que ha caído «en una trampa». «Si hubiera sabido que había participado en los atentados», dice Oulkadi, «yo no habría actuado de la misma forma. En ningún momento pensé que estaba ayudando a un terrorista. Para mí un terrorista es Bin Laden. A Abdeslam no lo vi como un yihadista, sino como a un chico del barrio, siempre majo, siempre sonriente, así que pensé que estaba jodido. Como él decía: había caído en una trampa». Attou se va también y Abdeslam pide a Oulkadi que lo lleve a un piso franco en Anderlecht. Después le hace cambiar el trayecto para llevarlo a Schaerbeek. Él le guía. Al llegar allí, frota con un clínex la portezuela y la guantera antes de apearse. Fuman juntos un cigarrillo y luego se despiden. Sin saber muy bien qué tono exigen las circunstancias, Oulkadi dice: «Bueno, hasta pronto», y Abdeslam le responde que nunca volverán a verse, lo cual no es verdad, se ven todos los días desde pronto hará ocho meses. Como su relación con el fugitivo es más superficial que la de los otros dos, Oulkadi no será detenido hasta una semana después. De esta semana conserva un recuerdo borroso –ya se veía que no estabas bien, dicen sus allegados– y el persistente remordimiento de no haberse presentado en la comisaría como continuamente pensaba en hacer, pero postergando de hora en hora el momento de hacerlo. Durante varios días después del 13, y aun cuando los nombres de los terroristas muertos eran oficialmente conocidos, Oulkadi seguía enviando a Brahim mensajes angustiados que decían: «¿Todo bien? ¿Dónde estás?».

La mascota

Al final de su último interrogatorio, Oulkadi se vuelve hacia Abdeslam: «Te guardo rencor, Salah», dijo, «un rencor enorme. Me han roto la vida, mi familia está hundida, mi padre ha perdido la mitad de su peso, me veo obligado a decirle a mi hija que he encontrado trabajo en Francia porque no me atrevo a confesarle lo que hago aquí, y todo por tu culpa y por culpa de tu hermano. Yo no había pedido nada, no tengo nada que ver con todo esto, por eso en ningún momento me comparo con las víctimas, lo único que digo es que no merezco lo que me ha sucedido. Y agradezco a todos los que aquí me hablan, a todas las personas para las que no soy solamente un acusado del 13 de noviembre, sino simplemente Ali». La evidente sinceridad de Oulkadi conmovió a todo el mundo. Después de la audiencia, en los escalones del juzgado, muchos lo rodeamos para decirle que había aprobado su examen oral, que éramos optimistas y nos alegrábamos por él. Muchas partes civiles vienen a verlo, le hablan, cuentan que un grupito de ellas lo ha llevado a visitar el Bataclan. Se ha convertido en una especie de mascota del juicio y estoy seguro de que, si lo condenaran a volver a la cárcel, la sentencia produciría consternación. Al día siguiente, cuando llegó el turno de Abdeslam, pidió perdón a los tres, y así como las disculpas que dirigió a las víctimas me parecieron estudiadas, creí sinceras las que dirigió a sus amigos de Molenbeek, a los que les ha destrozado la vida.

El tribunal

El vil metal

Hemos oído a las víctimas, han interrogado a los acusados, han reconstruido los hechos. El juicio del V13 entra en su última fase. Alegaciones de las partes civiles, inculpaciones, alegaciones de la defensa, sentencia. Se esperaba acabar a mediados de junio, pero el acusado Kharkhach tiene la covid y eso nos retrasa una semana más. Este acusado comparece por haber confeccionado documentos falsos, la broma que circula es que ha fabricado un falso resultado del test. El retraso inquieta a todos los que tienen planes de viajar en julio. La única ventaja es que me deja una crónica libre, y el espacio para abordar ese tema tabú: el dinero.

El precio de las lágrimas

Las partes civiles acuden al juicio para que escuchemos sus sufrimientos y obtener un consuelo moral, no una reparación económica. De esta se habla en otra sede, ante un tribunal diferente por el que no se interesa nadie, excepto Mathieu Delahousse, mi compañero de equipo de *L'Obs* en el V13.

Durante dos años, cada dos jueves, se ha presentado por la mañana en la salita blanca del sexto piso del tribunal de París, donde se ocupan de la indemnización de las víctimas del terrorismo. Nunca se ha cruzado con otros periodistas y ha narrado su experiencia en un libro[1] muy animado, muy humano, que ya en el título contiene una pregunta vertiginosa: ¿cómo determinar el precio de las lágrimas? Por culpa de un hatajo de fanáticos del que tu país no ha sabido protegerte, has perdido –a elegir, pero por desgracia es acumulable– una pierna, a tu mujer, a tu hijo, a tu mejor amigo, la movilidad, el equilibrio psíquico, la capacidad de trabajar, el sueldo, el sueño, la confianza en la vida... Todo esto es irreparable y, sin embargo, tu país debe repararlo. Se compromete a ello. Por eso se creó, en 1986, el Fondo de garantía para las víctimas de actos de terrorismo. Sin duda ustedes no lo saben, pero cotizan, cotizamos todos, a esta caja alimentada por una retención a tanto alzado en todos los contratos de seguros suscritos en Francia: 5,90 euros anuales. Esto supone mucho dinero que repartir, en función de un baremo llamado la nomenclatura Dintilhac, «la ley Carrez del dolor»,[2] según la expresión de Mathieu. En el caso de los daños físicos graves, este baremo se aplica sin discusión. Es más difícil de cuantificar el trauma psicológico, cuya tarifa de base son 30.000 euros, una suma que puede ser mayor. Es de 30.000 si tienes pesadillas, pero se puede pedir más –y se obtiene la mayoría de las veces– si esas pesadillas son incapacitantes, si te impiden dormir, si te hacen perder tu empleo. Es de lo que se ocupa el tribunal, la zona gris donde se enfrentan ásperamente los

1. Mathieu Delahousse, *Le prix de nos larmes*, París, Éditions de l'Observatoire, 2022.

2. La ley de 1996 denominada Carrez protege de los vendedores que intentan engañar a los compradores exagerando la superficie de un bien inmueble. (*N. del T.*)

abogados de las víctimas y los del Fondo. Los abogados especializados en la indemnización de las lesiones corporales cobran entre el 8 y el 12 por ciento de la que obtengan, y ganan claramente menos, señala Mathieu, que sus colegas de los tribunales penales. La función opuesta, la peor de las dos, la asume el abogado del Fondo, que en todo el libro resulta ser una abogada. Ella siempre considera que piden demasiado, que exageran el daño sufrido o que no lo fundamentan bien. No haría falta presionarla mucho para que dijera, como Jean-Marie Le Pen, que es más grave perder a tu hermana que a tu prima, y a tu prima que a tu vecina. Apenas bromeo, es una de las preguntas recurrentes que se formulan en el Fondo: ¿podemos ir más allá del lazo de parentesco o de afinidad? ¿Indemnizar a los amigos afligidos de una víctima? ¿Reembolsar las sesiones de psicólogos y fisioterapeutas, pero no las de talasoterapia? ¿Pagar los 800.000 euros que reclama un superviviente porque, sin haber perdido su trabajo, muy lucrativo, se ha negado a aceptar otro aún más rentable a causa del estrés postraumático? ¿Calcular «el perjuicio de muerte inminente» sufrido por una persona que murió en el Bataclan, es decir, preguntarse si sufrió antes de morir y si por ese motivo hay que indemnizar mejor a su consorte?... Profundamente empático, *Le Prix de nos larmes* (El precio de nuestras lágrimas) navega entre la congoja, la ira, el absurdo, la sensación de injusticia... Escribo con pies de plomo estas palabras, «sensación de injusticia», en vez de injusticia a secas. Pienso en las muchas personas heridas o de luto con las que me codeo en el juicio y que en casi todos los casos se quejan de la tacañería del Fondo y de su inhumanidad. Las comprendo, sé que subjetivamente tienen razón, pero de todos modos hay que recordar que ningún otro país del mundo ha implantado al respecto un mecanismo tan protector y un presupuesto tan importante como Francia, una observación que vale asimismo para la ayuda jurisdiccional, de la que vamos a hablar ahora.

La ayuda jurisdiccional es el sistema que otorga a todo el mundo, si no dispone de medios, la asistencia de un abogado pagado por el Estado. En los asuntos de terrorismo se aplica con independencia de los recursos de que se disponga. Tanto los acusados como las partes civiles tienen derecho a ella. Puesto que en el V13 hay 14 acusados y, en el momento en que escribo, unas 2.400 partes civiles, son muchos los abogados, es mucho el dinero para los abogados, que siempre cobran los mismos honorarios: 272 euros netos por día y por sumario. Pero existe una enorme diferencia entre los abogados de las partes civiles y los abogados defensores. Los primeros pueden tener tantos clientes como quieran. Algunos solo tienen uno, otros tienen tres, otros cincuenta, se habla de bufetes que tienen más de cien. Estoy seguro de que la mayoría dispensa a sus clientes una gran atención individual, pero su conocimiento del sumario y la cantidad de trabajo que representa es más o menos la misma, tengan un cliente o cien. La situación es radicalmente distinta en el otro lado de la sala de audiencias: los abogados defensores solo pueden atender a un único cliente y, debido a la magnitud del sumario y a la dificultad para dominarlo, hay, de hecho, dos o tres abogados por cada acusado. A diferencia de sus colegas de las partes civiles, tienen la obligación de estar presentes en todo momento, su bufete se dedica por entero a este juicio. Se han adoptado, por tanto, diversas medidas para corregir este desequilibrio. Para los abogados de las partes civiles se ha establecido un baremo decreciente: cuantos más clientes tienen menos cobran por cada uno. Y se ha llegado al acuerdo, al cabo de acaloradas discusiones, de que alrededor del 10 por ciento de lo que perciban los abogados de las partes civiles se transfiera a los defensores para evitar que trabajen con pérdidas. Aun así. No hay cifras oficiales sobre esta materia candente, no hay más que un orden de magnitud, pero se puede afirmar que, por toda la duración del juicio, un abogado defensor percibirá unos 50.000 euros y algunos abogados de las partes civiles más de un millón y medio. Ojo: no estoy hablando mal de estos últimos, pues los hay admirables, pero sí hablo bien de los abogados defensores. Ganan diez veces menos de lo que ganarían si estuviesen en el lado contrario y su tarea es diez veces más ardua. La mayoría son jóvenes, están comenzando su carrera, es verdad lo que se dice de que este juicio les da publicidad, aunque también se puede decir que ejercen aquí por altruismo, por amor a la justicia, que consiste en el gusto de defender los casos más difíciles. Defender a las víctimas es noble, hay que hacerlo, pero la causa está ganada de antemano. Otra cosa es defender a presuntos terroristas. Tiene que gustarte hacerlo, gustarte la batalla. Además, siempre hay gente que te identifica con tus clientes, Dios los cría y ellos se juntan. Algo que me parece hermoso en el V13 es lo infrecuente de este prejuicio. La mayoría de las víctimas con las que hablo aprecian a los defensores de los acusados. Consideran importante que sean competentes. Recuerdo que Nadia concluyó su testimonio dirigiéndose a ellos. «Ahora, abogados de la defensa, hagan su trabajo. Háganlo bien. Lo digo sinceramente.» Abogado defensor, ¿no es un poco un pleonasmo?

«Va a ser difícil»

Se ha convertido en un ritual desde hace un mes. En las suspensiones de la audiencia, en la máquina de café, cada vez que hablas con un abogado de las partes civiles es para preguntarle, como a un enfermo grave: «¿Qué tal? ¿Aguantará usted?». Él o ella se encoge de hombros y responde: «No tenemos más remedio que aguantar». Suspiro: «... pero va a ser difícil». ¿Qué es lo que va a ser difícil? Organizar las alegaciones de las partes civiles (en adelante «PC»). El abogado de PC representa a las víctimas, pero en realidad en este juicio no tiene que luchar por ellas, demostrar que han sufrido y merecen una reparación, como hace, pongamos, Sylvie Topaloff cuando consigue que condenen a los dirigentes de France Telecom por «hostigamiento moral institucional». Se puede litigar contra France Telecom, pero ¿quién va a hacerlo contra el Estado Islámico? A lo largo de todo el juicio, la función de los abogados de PC ha sido apoyar a sus clientes, acompañarlos, prepararlos para declarar, tener a mano la caja de clínex, y la mayoría lo han hecho con delicadeza. Pero ¿ahora? Se dirá: tienen que ser los portavoces de las víctimas, expresar con palabras su sufrimiento. El problema es que ellas ya lo han expresado. Es que su palabra ya la han formulado durante cinco semanas, con una extraordinaria elocuencia colectiva que ha conmocionado a todo el mundo. ¿Qué pueden añadir sus abogados que no sea superfluo en el mejor de los casos y obsceno en el peor? Ese es el primer escollo; el segundo consiste, si no pueden ser portavoces de las víctimas, en exponer los argumentos de la acusación. No es la función de los abogados de PC. Podría serlo, a lo sumo, si los tres fiscales del Tribunal Supremo fueran incompetentes, pero son extraordinariamente brillantes, conocen el sumario como nadie, no serviría de nada entrar en su terreno. ¿Entonces? ¿Cómo navegar entre esos dos escollos? ¿Cómo hacerlo, sabiendo que esta secuencia de los abogados de PC va a durar nueve días, que son 350 y que 150 se proponen alegar? Los abogados constituyen un gremio rico en personalidades prestigiosas y con un ego potente, no es de extrañar que se peleen desde hace un mes en reuniones plenarias y en conversaciones de pasillos. Algunos han anunciado de entrada que solo representarían a sus clientes y a sí mismos. Otros, entre los más presentes, han preparado una especie de alegato colectivo coherente y progresivo en el que cada uno toma la palabra para tratar un tema. Cito algunos, al azar: «¿Nos une el mal?», «Incompetencia y vulnerabilidad», «La libertad de odiar y de no odiar», «El gusto del placer», «Reencontrar las palabras», «El amor»... ¿Por qué no? De todas formas, nadie escuchará a todo el mundo, al menos yo no. Hace ocho meses que frecuentamos a estos abogados de PC. Los conocemos bien, por fuerza. Sabemos quién nos gusta y quién nos hace bostezar de aburrimiento antes de haber abierto la boca. Tenemos la planificación, elegiremos, como en Roland-Garros. Empezamos a poner aspas delante de los nombres.

El tipo viste un traje y una camisa negros, una corbata roja. Tiene un tupido bigote pelirrojo, una coleta, la tez con cuperosis de bebedor inveterado de cerveza y una voz muy hermosa, profunda, segura de sí misma, que utiliza como alguien para quien es un instrumento de trabajo. Podría ser un telepredicador, pero es un cantante. Es Jesse Hughes, el cantante de los Eagles of Death Metal, que actuaban en el Bataclan el 13 de noviembre. Lo que cuenta es estándar, punteado por tópicos muy norteamericanos –«My love affair with Paris» (Mi idilio con París), «You can't kill rock'n'roll...» (No se puede matar al rock and roll)–, pero en definitiva modesto y agradable. El momento asombroso llega cuando, concluida su declaración, se vuelve para dirigirse hacia la salida. Frente a él, un pasillo de unos cuarenta metros de largo, bordeado de bancos de madera de color blanco; yo no me había fijado nunca en hasta qué punto la sala del V13 se parece a una iglesia moderna: clara y luminosa a pesar de que carece de ventanas. A lo largo de los bancos, un pasillo de homenaje formado íntegramente por supervivientes del Bataclan, y no unos supervivientes cualquiera: los fans del grupo, los fans del rock, los más auténticos, con sus tatuajes en los bíceps, sus cazadoras de cuero, sus aros en la oreja. Si los hubieran dejado entrar con una cerveza tendrían su pinta en la mano. Jesse Hughes avanza entre ellos. Se para delante del primero. Se miran, se sonríen. Lo abraza. Lo estrecha un momento en sus brazos, un momento largo. Cuando se separan los dos tienen lágrimas en los ojos. Jesse pasa al siguiente, a la siguiente. No sé exactamente cuántos eran, treinta o cuarenta, cada uno ha recibido su abrazo, ha sido algo espontáneo, sin *show off* (sin alardear), Napoleón pellizcando a sus soldados curtidos, las lágrimas que fluyen, la efusión, la inmensa oleada de amistad entre los supervivientes... Ha sido un momento increíblemente emocionante y no me ha parecido en absoluto un tópico: *you can't kill rock'n'roll.*

La intrusa

El 13 de noviembre de 2016, los Eagles of Death Metal volvieron a París para conmemorar el primer aniversario de los atentados con un concierto en el Olympia. En el *backstage*, al finalizar su actuación, el mismo desfile, la misma sucesión de *hugs* lacrimosos. Una foto muestra, en los brazos de Jesse Hughes, con el atuendo completo de rockera, a aquella Flo cuya historia he contado al principio del juicio: qué lejano nos parece el comienzo del juicio... Flo se declaraba superviviente del Bataclan. Había llegado a ser *webmaster* y más tarde miembro del Consejo de Administración de la asociación Life for Paris. Ponían como ejemplo su empatía, su resiliencia, su ahínco en desenmascarar a los impostores que se infiltran en el círculo de las víctimas. Todo era falso, excepto su miseria y su alegría en ese instante.

Dos costillas rotas

La secuencia de Jesse Hughes era la más esperada, a decir verdad la única esperada, de esta extraña semana dedicada a los últimos testimonios, antes de las primeras alegaciones. Hasta el final del juicio, las víctimas que no han testificado en otoño tienen derecho a cambiar de opinión y a ser escuchadas. Se han inscrito unas ochenta para desfilar por el estrado. Esta inyección de refuerzo, que no debe de convenir a la defensa, es sin duda útil: nos recuerda la realidad concreta del horror. Pero es cierto que no escuchamos estos testimonios con el mismo fervor que el octubre pasado. En un momento pensé algo horrible: si hicieran una película sobre el juicio, cortarían estas escenas en el montaje, no porque sean malas, sino porque son redundantes. Ya lo hemos visto y oído, no aporta nada. Es falso, de hecho. Entre otros, pienso en aquel joven que por entonces tenía veintiún años y que salió indemne del Bataclan. Durante tres años, disociación total. Ningún recuerdo. Pero sí un malestar, la sensación de que la gente lo mira raro. Ideas negras pero confusas. Pesadillas sin imágenes. Siluetas indistintas, en la periferia del campo de visión. Resaca permanente que combate con alcohol. Sensación de haber hecho algo malo, pero ¿qué? Se le escapa. Al cabo de tres años, se somete a una EMDR (terapia de desensibilización y reprocesamiento por movimientos oculares), que ahora sirve para todo, pero que se inventó para el estrés postraumático. Todo vuelve, de pronto. Sabe que actuó mal. Para alcanzar la salida, empujó, aplastó, pisoteó. Se convirtió en una máquina de supervivencia totalmente indiferente a todo lo demás. Si ese hubiera sido el precio por sobrevivir, habría utilizado como escudos a sus seres más queridos. Ahora vive, sí, pero una vida arruinada. Otros han sido héroes, él no. Incesantemente se ve empujando, aplastando, pisoteando. Esta película se desarrollará constantemente en su cabeza hasta el día de su muerte. Está avergonzado. Por eso ha venido. Para pedir perdón a los que pisoteó. Si alguno de ellos está presente y lo escucha, al menos ya es algo. Está bien. Solloza. Se va. Yo también me voy: por hoy ya tengo bastante. Al día siguiente, una amiga abogada me dice que me he perdido algo; es una norma de la crónica judicial: siempre te pierdes algo cuando te vas. Justo después del joven carcomido por la culpa, otro superviviente del Bataclan, visiblemente más distendido, ha empezado su testimonio diciendo que acababa de escuchar la declaración del joven y que quería decir lo siguiente: «A mí me pisoteó alguien y me rompió dos costillas. *Solamente* dos costillas rotas. Así que quizá fuiste tú el que me pisoteaste, quizá fue otro, no lo sabremos nunca, pero, si fuiste tú, quiero que sepas que no es nada grave, dos costillas rotas. Me salvé, estoy vivo, soy feliz, no te guardo rencor, hiciste lo que pudiste, todos hicimos lo mismo, espero que todavía estés en la sala para escuchar lo que digo». El joven ya no estaba, pero mi amiga abogada corrió al vestíbulo en su busca. Lo alcanzó en la escalera del juzgado. Si hicieran una película, terminaría con esta imagen.

ANGUSTIA DE MUERTE INMINENTE

El último minuto

Subes al avión. Te abrochas el cinturón. En mitad de la fila, la azafata hace la demostración de lo que hay que hacer en caso de emergencia. La escuchamos distraídos. Durante el vuelo, algunos no piensan en nada, otros piensan fugazmente y otros, los muy nerviosos, piensan continuamente en lo que según las estadísticas tiene muy pocas probabilidades de ocurrir, pero que, de todos modos, ocurre a veces. Solo hizo falta un minuto para que el Boeing 737 de la China Eastern Airlines se desconectase y se zambullera desde 6.000 metros de altitud el 21 de marzo pasado. Sus 123 pasajeros dispusieron de un minuto para ver la muerte de cara, sin escapatoria, sin duda posible. Nadie sabrá cómo vivió cada uno ese último minuto. Nadie sabe lo que pasa en el fuero interno de un moribundo. Sin embargo, el derecho tiene algo que decir sobre esta experiencia tan íntima, tan incomunicable. Ese algo posee un nombre que no solo es psicológico o filosófico, sino jurídico, y que apareció en la jurisprudencia en 2005, a raíz de otra catástrofe aérea: es «la angustia de muerte inminente».

Los abogados de las partes civiles navegan desde hace ocho días entre los nobles lugares comunes y las citas de grandes autores: a estos los encabeza Albert Camus. Algunos dicen cosas más sustanciosas. Frédéric Bibal, un hombre compacto, con el pelo al rape y gafas redondas, cuyo bufete se ocupa de la reparación de daños corporales, empezó observando lo siguiente: para varias de las víctimas ha sido un alivio testificar en el estrado porque justamente han tenido la sensación de dejar ahí algún «testigo». Un sufrimiento, un fardo que la audiencia ha sabido captar. Muchos se sintieron aligerados, aunque solo fuera un poco. Si el juicio solo hubiera servido para eso, ya no sería inútil. Pero Bibal dice que no debe servir únicamente para eso. De esa deposición hay que extraer algo más que la paráfrasis o el patetismo; si no, vale más seguir sentado y pasar de inmediato a la etapa siguiente, las peticiones de penas. Hay que trabajarla. Hay que convertirla en derecho. Estamos aquí para eso. Y por eso Bibal ha desarrollado ese concepto de la angustia de muerte inminente, que la jurisprudencia define como «el sentimiento de pavor que experimenta la víctima que, entre el momento en que ha sufrido el ataque o la agresión y el momento de su muerte, ha tenido conciencia del carácter ineluctable de su propio fin». No es necesario morir de muerte violenta para experimentar ese sentimiento de pavor y de fin inevitable. Podemos morir en la cama, extenuados por la edad, rodeados de nuestros seres queridos, y ver venir con espanto nuestra aniquilación. Pero este espanto es íntimo y metafísico. Quienes recurren así a lo más profundo de ellos mismos lo sufren consigo mismo y con Dios. Ese terror no concierne al derecho. Este interviene cuando ha habido violencia, responsabilidad, perjuicio y reparación. Son axiomas jurídicos: en toda violencia existe un responsable, todo perjuicio debe ser reparado, da lo mismo por quién, por la compañía aérea, la compañía de seguros o el Estado, y, si has muerto, la indemnización la cobrará tu familia. La indemnizarán no solo en la medida de la aflicción o el daño material que le causa tu pérdida, sino también en función de los sufrimientos que *tú*, el difunto, has padecido y ya no estás aquí para describir. Hasta tal punto esta cuestión se convierte en algo técnico que ahora titubeo un poco, pero la técnica es la única alternativa al sinsentido, de modo que sigamos adelante. Al reseñar, hace dos semanas, el libro de mi camarada Mathieu Delahousse, *Le Prix de nos larmes*, hablé de la nomenclatura Dintilhac, que es la lista de daños –físicos, psíquicos, patrimoniales– sufridos por las víctimas de agresiones, en especial terroristas, y que dan derecho a indemnización. La angustia de muerte inminente figura en la lista, en el lugar de los «sufrimientos padecidos»: es, pues, por este motivo, y dentro de este conjunto global, por el que se la indemniza. Pero una sentencia del Tribunal de Casación, de fecha 23 de marzo de 2022, declara que no, que es un perjuicio autónomo que da derecho a una reparación asimismo autónoma. En términos de indemnización, eso significa que, si además de haber muerto se puede demostrar que has muerto con angustia, tu familia percibirá una suma superior. En términos penales genera otra consecuencia, y es la de que el perjuicio, si llega a ser autónomo, puede convertirse en una motivación también autónoma. Al emitir su sentencia, en principio el 27 de junio, el tribunal presentará lo que se llama un folio de motivación donde se enumeran todas las razones que la motivan. Lo que pide Bibal, al final de su exposición, es que la angustia de muerte inminente de las víctimas del 13 de noviembre figure, de forma autónoma, entre estas motivaciones del juicio y de las penas. Que los condenados lo sean también por esto, específicamente, por haber participado en la muerte de 131 personas, pero también por el terror terminal sufrido por la mayoría de ellas. En apariencia, eso no cambia gran cosa, sin ello la mula ya va bien cargada. Pero es una manera de registrar lo que se ha dicho y, en lugar de dispersarlo, transformar el afecto en derecho. Es eso lo que es, o debería ser, un juicio: al principio se declara el sufrimiento, al final se imparte justicia.

Ciento treinta y una formas de morir

La primera pregunta que hacen las familias: «¿Ha sufrido?». ¿Quién puede responder? Los médicos forenses, los testigos supervivientes. Es un consuelo cuando dicen que no, que ha muerto en el acto, sin darse cuenta de lo que le sucedía. No se sabía que la angustia de muerte inminente era un concepto jurídico, pero es un consuelo no ser indemnizado por eso. Es un consuelo también saber que los últimos minutos antes de la catástrofe han sido felices, despreocupados. Que Lamia haya sido abatida en La Belle Équipe mientras conversaba a solas con su novio, y que hayan pasado juntos de la alegría pura a la gran tiniebla. En el Stade de France, en las terrazas, el efecto de sorpresa ha sido absoluto. En el Bataclan, los disparos duraron diez minutos largos: los que escaparon a las primeras ráfagas tuvieron tiempo de sobra para sentir miedo. Durante cinco semanas en octubre y una semana adicional en mayo, los supervivientes han hablado de muertes instantáneas y de largas agonías. Yo anoté decenas de sus relatos y los releo ahora que nos acercamos al final. Veamos lo que dice una chica, Maia, que estaba en el Carillon: «En un momento dado siento que detrás de mí está la muerte. Hay un hombre apretado contra mi espalda. Oigo su respiración entrecortada, oigo su estertor, sé que son sus últimos instantes. Sé que estoy viviendo a su lado los últimos instantes de su vida. Es algo muy íntimo, es quizá lo más íntimo que se puede compartir con alguien. (...) Soy el único testigo de su muerte. No conoceré nunca su nombre».

Una cita

«Se quedó junto a la puerta, mirándome. Y luego... No sé cómo decirlo exactamente, pero cerró los ojos y empezó a sacudir la cabeza, muy despacio, y a retorcerse las manos, muy, muy despacio, y a gimotear, o a susurrar algo. No podía entender lo que estaba diciendo, pero me rompía el corazón. Jamás había sentido tanta lástima por nadie, y la abracé. Y dije: "¡Por favor, Bonnie! ¡Oh, no, querida, no! Si alguien estaba preparada para presentarse ante Dios, esa eras tú, Bonnie querida!". Pero no podía consolarla. Seguía sacudiendo la cabeza, y retorciéndose las manos, y entonces entendí lo que decía. Decía lo siguiente: "Ser asesinada. Ser asesinada. No. No. No hay nada peor. No hay nada peor que eso. Nada".»[11]

1. Truman Capote, *A sangre fría,* trad. de Jesús Zulaika, Barcelona, Anagrama, 2007.

LOS CABALLEROS PENALISTAS

¿Matar al adversario?

La escena se desarrolla en la inmensa biblioteca del colegio de abogados, enteramente de piel y con pátina de oro. Jóvenes con toga negra y plastrón blanco se levantan por turnos para defender un tema obligatorio, vagamente relacionado con el invitado que preside la sesión. Esta tarde: «¿Hay que matar al adversario?», porque el invitado soy yo y he escrito un libro titulado *El adversario*. Si hubiese escrito *En busca del tiempo perdido*, el tema podría haber sido «¿Hay que perder el tiempo?». Cada uno elige tratar la versión afirmativa o la negativa del tema, el juego consiste en pasar de una a otra, es decir, en sostener una cosa y la contraria. Estamos en la «conferencia de prácticas», un concurso de elocuencia al que se presentan cada año, desde hace dos siglos, unos doscientos abogados jóvenes que compiten por doce plazas. Seleccionados por los doce ganadores del año anterior, los elegidos se llaman «secretarios de la conferencia», y en la profesión no hay nada más prestigioso. Los temas eran graciosos, brillantes, los oradores se tomaban el ejercicio en serio sin tomarse en serio a sí mismos. Daban ganas de reunirse con ellos en la *brasserie* Les Deux Palais a la que acuden a última hora de la tarde, desbordados, riéndose, febriles, con sus causas criminales y las togas arrugadas sobresaliendo por debajo de sus grandes carteras. Ya de por sí estaba contento por poder asistir a ese espectáculo, pero había un motivo por el que tenía un interés adicional en él, pues en el V13 las alegaciones de la defensa empiezan la semana próxima, y alrededor de la mitad de los abogados que hay delante del banquillo son antiguos secretarios de la conferencia. Es el caso de Negar Haeri y de Xavier Nogueras, defensores de Mohamed Amri y a los que he preguntado cómo llegaron aquí.

¿Rendirse a la evidencia?

En el V13 todo el mundo llama Negar a Negar Haeri, incluso los que no la conocen, y nunca he oído a nadie expresar una reserva sobre ella. Es una muchacha grácil y rigurosa, con unos inmensos ojos negros y el cabello también negro. Es de origen iraní, una burguesa cultivada, tiene dos hermanos abogados como ella y secretarios de conferencia como ella. Quería ser pianista, quince años de teclado, todavía toca muy bien, pero no lo bastante para su gusto. De ahí que ejerza el derecho como quien trabaja una sonata: compás a compás, con lupa, descifra como si fueran arpegios las sentencias del Tribunal de Casación. Su tema en la conferencia: «¿Hay que rendirse a la evidencia?». (Elige la respuesta negativa: ella no se rinde, ni siquiera ante la evidencia.) Los secretarios tienen que asumir gratuitamente, durante un año, la defensa penal de los más pobres, lo que significa ejercer como abogado de oficio. Tienen días de guardia en el juzgado. Los llaman a ellos cuando en París se comete un delito y, una vez de cada dos, esos delitos son sórdidos: un aprendizaje a las bravas, del cual se enorgullecen. Negar forma parte de la promoción de 2015, la foto de su grupo se tomó el 7 de enero, el día del

Charlie Hebdo, es difícil no ver una señal en eso. Un día en que ella está de guardia irrumpen quince gendarmes con pasamontañas que escoltan a un hombre también encapuchado: es Mohamed Amri, que llevó a Salah Abdeslam de París a Bruselas la noche del 13 al 14 de noviembre. Al cabo de ocho meses de juicio conocemos bien a Amri: un tipo latoso, cuyo modo de pensar es espeso y cuya manera de hablar es enrevesada. Negar dice que esa ineptitud para expresarse la conmovió porque ella, de niña, hablaba farsi antes que francés, y en su lengua de adopción se siente torpe e ilegítima. El argumento parece absurdo cuando se tiene en cuenta su maestría verbal, pero estoy seguro de que subjetivamente dice la verdad y de que sobre esa base ha tejido con Amri en el locutorio un lazo de confianza tan grande que él es uno de los raros acusados que en seis años no ha cambiado de abogada. Sin embargo, el sumario es monstruoso, hay que compaginar la defensa de Amri con los casos de su bufete, y en consecuencia necesita a otra persona. Negar no lo duda: llama a Xavier Nogueras.

¿Hay que comerse a los gordos?

De la promoción dos años anterior a la de ella en la conferencia, Nogueras tiene un perfil totalmente distinto. Él también estudió música, tocaba el piano, el clavicémbalo, la guitarra, la flauta, la trompeta, pero era más bien como el refunfuñón de *Los chicos del coro*, porque esperaban enderezarlo hacia el camino recto. Natural de Niza, un poco fanfarrón, tiene una historia familiar bastante compleja que me permito contar porque él no la oculta. Su padre era juez de instrucción. Seductor, jugador asiduo de casinos, muere cuando Xavier tiene nueve años y deja a su familia con apuros económicos, pero también deja una estela de misterio: ¿embolia pulmonar?, ¿suicidio? Veinte años más tarde, Xavier conocerá la verdad por casualidad de labios de un médico forense que le revela que hizo la autopsia de un juez que se había enganchado a la cocaína a fuerza de enjuiciar casos de estupefacientes, y que había muerto de una sobredosis. Lastrado por este doble legado –amor al derecho, conductas de riesgo–, el hijo vive una juventud holgazana, tentado por el teatro hasta que un amigo lo lleva a una sesión de la conferencia del Colegio de Abogados. Iluminación: aquella escena es para él. Como dice Xavier: «Tengo todas las taras narcisistas para ser penalista». Su tema en el concurso: «¿Hay que comerse a los gordos?». (Opta por la respuesta afirmativa: sí, hay que comérselos.) Es elegido secretario en 2013, justo después del atentado de Mohamed Merah en la escuela judía de Toulouse. El terrorismo se está convirtiendo en el pan de cada día de esos caballeros penalistas que son los secretarios de la conferencia. Los jueces encarcelan a los radicalizados que vuelven de Siria y a los que han sido detenidos antes de partir allí aunque no hayan hecho nada porque es probable que lo hagan. Se comprende esta precaución, pero el derecho no admite la justicia preventiva, y un hombre como Nogueras no solo defiende a los terroristas, sino al derecho. Es un trabajo mal visto, mal retribuido, razón de más para asumirlo a conciencia. Esta actividad llega a suponer el 80 por ciento de su clientela, hasta el punto de que un día, en la cadena BFM, desfila bajo su peculiar cara bonita, sus cabellos blancos, sus ojos heterocromos, un rótulo que lo presenta como «Xavier Nogueras, abogado de las redes yihadistas». Ningún problema.

¿Ser el último en tender la mano?

El día que yo cometa un delito, les pediré a ellos que me defiendan. Ella, intérprete de música clásica; él, dandi que en el fondo no ha dejado de ser punk. El rigor y la cortesía de ambos les granjean un respeto evidente, palpable, del tribunal, de las partes civiles y de los fiscales: la opinión general es que Amri ha tenido suerte. Lo que se juega en su caso está claro. Haber ayudado a repatriarse a Salah Abdeslam: encubrimiento de un malhechor. Eso cuesta seis años de cárcel, los habrá cumplido en julio, si la cosa queda ahí lo ponen en libertad. Pero también lo acusan de haber acompañado a Abdeslam cuando iba a alquilar coches, lo cual puede tipificarse como ATM, «asociación terrorista de malhechores»: veinte años. Toda la estrategia de sus abogados, que van desplegando desde el principio del juicio como quien avanza sus piezas en el ajedrez, va a consistir en que supriman la T: asociación de malhechores a secas. No voy a adelantar las alegaciones que formularan Negar y Nogueras el 14 de junio: solo me limito a transcribir lo que me respondió Nogueras, ante un vaso de vino blanco, cuando le planteé en Les Deux Palais la eterna cuestión del límite: ¿existe un límite? ¿Causas que te negarías a defender? «Si me preguntas eso, quiere decir que no has comprendido qué es ser abogado. Yo no defiendo ninguna causa, pero no rechazo a ningún acusado. Vergès, en cambio, defendía causas. No solo defendía a Pol Pot o a Carlos, sino también lo que habían hecho. Estaba de acuerdo con ellos. Nosotros, por poner el ejemplo de los delitos peor vistos, evidentemente no defendemos la pedofilia o el terrorismo, pero estamos dispuestos a defender a un pedófilo o a un terrorista. *Hay* que defenderlos, es la ley. Claro que a veces me cuesta, por supuesto, es más fácil defender a un atracador con el que yo podría ir a tomar unas copas cuando salga que a un tío que se excita viendo vídeos de decapitaciones, pero es esencial distinguir entre la persona y el acto. Ser abogado es eso: hacer todo lo posible para que al acusado se le juzgue con arreglo al derecho y no según las pasiones. Y luego, cuando todo el mundo le haya dado la espalda, ser el último en tender la mano de nuevo.»

Excelente trabajo

Al acercarse el final del juicio, pensamos en el principio, en el camino recorrido. En lo que habrá ocurrido en cada uno de nosotros entre el momento en que entramos en esta caja gigantesca de madera blanca, el 8 de septiembre, y el de la sentencia, prevista para el 29 de junio. Recuerdo el primer día. El presidente tomó la palabra para decir que este juicio que todo el mundo, con razón, consideraba excepcional debía desarrollarse dentro del estricto respeto de la norma jurídica. Sería ejemplar si se cumplía esa condición. Y a fin de cuentas es lo que ha sucedido: no es poco. Veamos con qué palabras la fiscal del Supremo, Camille Hennetier, se dirigió al tribunal al terminar su petición de penas el viernes pasado: «El pavor es la desaparición de la cortina tras la cual se oculta la nada que normalmente permite vivir tranquilo. El terrorismo es la tranquilidad imposible. El veredicto del tribunal no podrá reparar la cortina rasgada. No curará las heridas visibles e invisibles. No devolverá la vida a los muertos. Pero al menos podrá garantizar a los vivos que la justicia y el derecho tienen aquí la última palabra». De principio a fin del V13 me ha impresionado la calidad de la acusación. Tres miembros de la fiscalía antiterrorista, dos hombres enmarcando a una mujer, y los tres jóvenes, los tres enfrascados en el sumario desde el primer día: se lo saben de memoria. Siempre precisos, nada de efectismos, nunca una pregunta extemporánea: un nivel muy alto. Nos preguntábamos cómo sería esa novedad judicial de que una incriminación durara tres días. Por turnos, relevándose a intervalos de alrededor de dos horas, Camille Hennetier, Nicolas Braconnay y Nicolas Le Bris han hecho algo extraordinario: rememorarlo todo desde el inicio, recogerlo todo, contarlo todo. El principio narrativo del juicio era una especie de cronología por capítulos, inevitable pero frustrante: personalidad, seguida de radicalización, viajes a Siria, el año pasado, los últimos meses, las últimas semanas, los últimos días... De un capítulo a otro han apretado los hilos que se habían aflojado, deshilachado. Hablo de narración, de relato: como si yo fuera un obrero de la construcción cuyo oficio es contar, he admirado el rigor y el virtuosismo del ejercicio. Puesto que no es posible decirlo todo, hay que escoger con cuidado los detalles más significativos. Situar en los lugares adecuados las semblanzas de los acusados, el papel que ha desempeñado cada uno en la maquinaria de la muerte, los cargos concretos que pesan sobre él. Recordar que nunca lo sabremos todo, pero que ellos, los del banquillo, sí lo saben. Explicar que el silencio es un derecho y lo es también la mentira, y que ellos han hecho un uso muy amplio tanto del primero como de la segunda. Sin embargo, ese trabajo ejemplar de síntesis y de pedagogía tiene un límite: ¿qué más sabemos sobre los acusados y sus actos con respecto a lo que sabíamos por el auto de procesamiento, que resumía todo lo que se podía saber antes del juicio? ¿Qué más han aportado estos nueve meses de audiencia? De hecho, bastante poco: en cuanto a información, quizá un 10 o un 15 por ciento más. La relativa a las víctimas ha sido inmensa, inmenso lo que hemos sabido de la humanidad al escucharlas. Pero ¿sobre el banquillo? Nos hemos preguntado hasta la saciedad, yo y los demás, por los estados de ánimo de Salah Abdeslam. ¿Le falló el cinturón explosivo? ¿Tuvo miedo? ¿Tuvo un ramalazo de humanidad? ¿Sus disculpas son sinceras? Pero ¿qué importa su sinceridad? ¿Qué interés tienen sus estados de ánimo? Un pobre misterio: un vacío abismal envuelto en mentiras que nos deja un poco atónitos, en retrospectiva, tras haberlo sondeado tan atentamente.

Convicción íntima

Las peticiones de penas. Son graves y matizadas. Para Salah Abdeslam, el único que ha sido considerado coautor de los atentados, reclusión perpetua irreductible: la auténtica cadena perpetua, a la que no se sentencia prácticamente nunca. Peticiones también muy graves, con penas de prisión permanente revisable de veinte o treinta años, una pena enorme pero menos infrecuente, para el eterno acompañante Mohamed Abrini; para Mohamed Bakkali, Osama Krayem y Sofien Ayari (de toda la célula, los puestos más altos en la jerarquía del Estado Islámico); para los «operativos contrariados», Adel Haddadi y Mohamed Usman, que no pudieron participar en los atentados porque fueron detenidos en Viena, pero que tendrían que haberlo hecho y que deben ser castigados –según la fiscalía– como si lo hubieran hecho. La posible aplicación de indulgencia afecta a los tres acusados en libertad, Abdellah Chouaa, Hamza Attou y Ali Oulkadi, a los que Camille Hennetier accede a calificar de «ayudantes». Les reconoce que respetan su control judicial y todos los días comparecen dócilmente en el juicio, a pesar de que para ellos es un quebradero de cabeza en todos los sentidos: residen en Bélgica, ya no pueden trabajar, tienen que ingeniárselas para sobrevivir en París prácticamente sin dinero.

Los abogados de estos tres pueden esperar sacarlos del atolladero, lo que significa que podrían quedar en libertad. Ahora supongamos que soy un jurado, o un juez, porque no hay jurados en este juicio. Antes de que el tribunal se retire a deliberar, como lo hará dentro de dos semanas, me leen el artículo 353 del Código Penal: «La ley obliga a cada uno de los jurados y de los jueces a que se interroguen en el silencio y el recogimiento, a buscar en la sinceridad de su conciencia qué impresión han producido en su mente las pruebas presentadas contra el acusado y los recursos de su defensa. La ley les hace una única pregunta que encierra el alcance de sus deberes: ¿tiene usted una convicción íntima?». Sí, hoy tengo una. Es la de Camille Hennetier, Nicolas Braconnay y Nicolas Le Bris. Tal como las han presentado, las pruebas contra los acusados han producido una gran impresión en mi entendimiento. Si fuese jurado, aprobaría sus peticiones. Pero la norma judicial francesa es que la defensa es la última que habla. Va a hacerlo durante dos semanas. Los alrededor de treinta abogados que se sientan delante del banquillo son asimismo jóvenes y brillantes. Van a jugar todas sus cartas. Todo lo que me ha parecido evidente, irrefutable, a lo largo de la exposición fiscal va a perder su evidencia. Van a repasarlo todo, a triturar cada argumento de cargo, cuando no a voltearlo, a minimizarlo, a contextualizarlo con mayor o menor buena fe para las necesidades de la defensa. Va a insinuarse la duda, que como sabemos favorece al acusado, y me parece muy bien. No sé si este rasgo de mi carácter haría de mí un buen o un mal juez, pero soy fácil de convencer. Comprendo fácilmente las razones ajenas, lo cual es a la vez una cualidad –la falta de prejuicios– y un defecto –el riesgo de convertirme en una veleta que comparte siempre la opinión del último que ha hablado–. Mi íntima convicción es fluctuante, indecisa. Así pues, cuando haya asimilado lo que me ha convencido de las peticiones fiscales –casi todo–

me propongo observar lúcidamente cómo voy a cambiar de opinión.

Extinción

Al principio de la tercera sesión de la fiscalía ha ocurrido algo extraño. De repente ha disminuido la potencia de las luces cenitales de neón que alumbran la sala. No se han apagado del todo, no nos han sumido en la oscuridad, pero su intensidad ha decrecido al menos a la mitad. Alguien ha debido de pulsar el botón que no era. Al cabo de unos segundos, la luz ha vuelto a ser normal, casi no hemos tenido tiempo de asustarnos. Casi no, pero casi no ya es casi: tuvimos miedo. Las partes civiles se asustaron. Los del Bataclan, que recordaban la luz lívida de la matanza, también tuvieron miedo. Por un instante creímos que la cortina se rasgaba de nuevo.

LA SEMANA DE LOS SEGUNDONES

Un ruido de cascos

«Cuando me paseo por un parque de Bruselas y oigo un ruido de cascos, pienso en un caballo, no en una cebra. El ministerio público piensa en una cebra. Mi cliente es un traficante de estupefacientes. Va a reunirse con otros traficantes en Rotterdam, una ciudad conocida por la facilidad con que se consigue esa mercancía. ¿Cuál es la conclusión de la fiscalía a este respecto? ¡Que ha ido a comprar armas!» Así habla Jonathan De Taye, uno de los tres abogados de Ali El Haddad Asufi. Es el final de la primera semana dedicada a la defensa de esos acusados a los que los fiscales se niegan a llamar «comparsas», porque consideran que en materia de terrorismo no existen segundones. Y tal como yo había previsto, tras haber estado casi totalmente convencido por el interminable requerimiento del trío Hennetier-Braconnay-Le Bris, ahora me dejo convencer, digamos que en un 50 por ciento, por los abogados que lo demuelen.

Salta a la vista

«No podía ignorarlo»: esta frase, con diversas variantes, fundamenta la acusación de ATM (asociación terrorista de malhechores), a la que cabe calificar de cajón de sastre, de zona gris, de maquinaria para condenar con el pretexto de sondear las almas en vez de atenerse a los hechos. Hamza Attou era amigo de Brahim Abdeslam, cuya radicalización, dicen los fiscales, saltaba a la vista. Tendría que haber visto el peligro, denunciarlo. Delphine Palcy, una de las dos abogadas de Attou: «Tienes un vecino antivacunas. Te da la lata con discursos conspiratorios. ¿Qué haces tú? Te encoges de hombros. Un día dispara contra un centro de vacunación. ¿Te meterán en la cárcel por no haberlo denunciado? La policía belga no ha sido capaz de calcular la peligrosidad de Brahim, ¿por qué esperar más de un pobre camellito de veintiún años?». (Argumento seductor pero engañoso: la policía belga no veía a Brahim todos los días.) Otro reproche: «Cuando acompañaba al aeropuerto a Brahim, que aseguraba que se iba de vacaciones a Turquía, ¿cómo habría ignorado Attou que en realidad iba a Siria? Es evidente que lo acompañaba por eso, ¿por qué si no?». Respuesta de Attou, citada por su abogada: «No sé si usted hace lo mismo, señor abogado, pero nosotros, en Molenbeek, cuando un amigo va a comprar una baguette lo acompañamos. A veces nos juntamos hasta cinco para acompañarlo».

¿A la vista de quién?

Todo eso saltaba a la vista, pero ¿a la de quién? En su réplica contra las peticiones de penas, los abogados de la defensa han alegado que los fiscales son personas muy inteligentes, pero tienen el defecto, frecuente en las mentes tan preclaras, de creer que todo el mundo es tan inteligente como ellos. En vez de ponerse en el lugar de unos individuos bastante limitados como Ali Oulkadi, Hamza Attou o Abdellah Chouaa, se asombran de que no posean la finura analítica y los reflejos ciudadanos de Camille Hennetier, Nicolas Braconnay y Nicolas Le Bris. Y no solo esos reflejos: también los de clase. Sin duda no se juntan cinco fiscales para comprar una baguette, y si pasan por Florencia no se olvidan de visitar la galería Uffizi. He rememorado la vista en la que se intentaba comprender el *road trip* relámpago de Abdeslam y de su amigo Dahmani rumbo a Grecia, pasando por Italia, en el verano de 2015. Dos días de ida y otros dos de vuelta sin paradas, a pesar de que había tantas cosas que ver: ¿a qué viene eso? Respuesta de Abdeslam: «Usted seguro que tiene recursos para pagarse unas vacaciones más lujosas, señor presidente, pero nosotros no». La justicia es siempre más o menos así, el código penal ha sido inventado para impedir que los pobres roben a los ricos, y el código civil para permitir que los ricos roben a los pobres. Salvo que, en este caso –es uno de los argumentos contundentes de la fiscalía–, los acusados no son pobres. Tampoco son ricos, de acuerdo, pero no sufren exclusión social, no se han criado en familias gravemente disfuncionales, conque no cedamos, hagan el favor, al «chantaje sociológico». Es una expresión que parece complacer mucho a los fiscales, pero ¿qué significa?, pregunta Delphine Boesel, otra abogada de Attou. ¿Es chantaje sociológico interesarse por el entorno social y cultural en el que han crecido los acusados? ¿Lo es admitir que no lo controlan todo, que no deciden todo lo que hacen al cabo de una deliberación madura y lúcida, que son también el producto de algo que les sobrepasa? No se juzgan solo actos, sino a hombres, y la función de la justicia es ponerse a su altura. En todo caso es el papel de la defensa. Se ha dicho y redicho lo importante que era que se cumpla bien esta función en el macrojuicio del V13. Ninguna inquietud: se cumple.

Los que deberían haber hecho y no hicieron

Incluso sus defensores reconocen que Mohamed Usman y Adel Haddadi deberían haber participado en los atentados. Incluso el ministerio público reconoce que no participaron. Detenidos en la isla de Cos, su viaje sufrió un retraso. El 13 de noviembre, cuando deberían haber estado en París, estaban en Eslovenia. En la justicia normal esto se llama una coartada irrebatible, que conduce a la absolución por muy malas intenciones que se tuviesen. En la justicia antiterrorista no es así, la intención basta y esos dos hombres pueden ser sentenciados a veinte años de cárcel. No estamos muy lejos de *Minority Report*, la película de Spielberg basada en un relato de Philip K. Dick, donde detienen a gente antes de que haya cometido el delito que un programa informático prevé que cometerá. Es totalmente contrario a derecho, pero en este caso particular se acepta casi unánimemente. ¿Por qué solo en este caso? Hay otros delitos horribles y, como ha señalado Ménya Arab-Tigrine, abogada de Ali El Haddad Asufi, todavía no hemos llegado a detener preventivamente como pedófilos a todos los hombres que llevan sotana. Da igual: este argumento evidente, irrefutable, que debería poner fin al debate –repito: la justicia no puede ser preventiva, se juzga a alguien por lo que ha hecho, no por lo que podría haber hecho o haber estado a punto de hacer–, se ha vuelto inaudible, fuera de lugar, y por eso un abogado tan excelente como Edward Huylebrouck, al final de un alegato magnífico en todos sus puntos, se siente tan desvalido que dice algo tan desacertado como: «Quizá al atravesar la ciudad de Mozart, Mohamed Usman haya recibido una bofetada de humanidad». Quizá.

Farid Kharkhach es el más extraño de los acusados secundarios. Es el intermediario que proporcionó a la célula documentos de identidad falsos. Como en su expediente no hay ningún rastro de radicalización, la fiscalía ha dicho que pactó por codicia con el yihadismo. Esa codicia le reportó los 300 euros por los cuales está en prisión desde hace seis años, y no está nada seguro de que lo liberen. A lo largo de todo el juicio ha sorprendido su personalidad soñadora, su verborrea súbita, su soledad (no conoce a ninguno de los otros acusados) o la increíble y casi burlesca sucesión de chascos y de mala suerte que han merecido que mi compañera de equipo Violette Lazard lo haya apodado Farid el Cenizo. Marie Lefrancq, una de sus abogadas, lo describe como un padre de familia afectuoso que no se ha atrevido a explicar a sus hijos pequeños por qué no estaba en casa desde hacía seis años. Al principio les dijo que estaba enfermo y que recibía tratamiento en Francia. Y después, cuando los niños fueron a visitarlo a la cárcel, dijo que se había hecho carcelero. No me lo invento. Aunque no la haya presenciado, Marie Lefrancq garantiza la autenticidad de la escena: Farid Kharkhach recibe a sus hijos en el locutorio y les asegura que no está detenido, sino que es un celador. No sé cómo es eso realmente posible, pero me he acordado de otra película, *La vida es bella*, en la que Roberto Benigni hace creer a su hijito que los campos de concentración nazis son un juego divertido de la caza del tesoro, y he pensado que, si Kharkhach no sale muy mal parado, podrá decirse sin remordimientos que su historia tan triste es un tema increíble de comedia.

ÚLTIMOS CARTUCHOS

Casi no hay esperanza

La semana pasada fue la de los acusados «secundarios», que paradójicamente corren un gran riesgo. Algunos esperan la absolución, todos temen seguir en la cárcel, o algo peor: volver a ella. Suspense. Por su parte, todos los peces gordos del sumario, Ayari, Bakkali, Krayem, Abrini, Abdeslam, tienen mucho que temer y casi ninguna esperanza. Saben que van a recibir una condena severa, lo saben sus abogados, los alegatos parecen los últimos cartuchos. Los más admirables no son forzosamente los más eficaces, pero ¿qué posibilidades tienen de serlo cuando los cargos son tan graves y no se dirigen a un jurado popular, sino a cinco magistrados profesionales que te ven venir y conocen de antemano todo lo que vas a decirles? Me ha gustado lo que ha dicho Stanislas Eskenazi, el abogado belga de Abrini: «Les ruego que se quiten la toga una vez considerados los hechos. Condenen como seres humanos, no como jueces. De lo contrario, esto no será un tribunal penal».

Al ser tan previsibles los envites penales, gozábamos de libertad para apreciar el talento. En las pausas del juicio nos preguntábamos: «¿Te ha gustado?». Cada uno ha tenido a sus penalistas preferidos, cito aquí a dos de los míos. El primero es Isa Gultaslar, otro abogado belga, defensor de Sofien Ayari. Es un grandullón flaco, de cara afilada, que durante todo el juicio apenas ha abierto la boca. Cuando le toca el turno nos sorprende entrando en un terreno donde ninguno ha entrado. No es del todo una defensa de ruptura al estilo de Vergès, pero casi. Ha empezado hablando de la historia de Hamza, un muchacho sirio de trece años que en marzo de 2011, al comienzo de la Primavera Árabe, escribió en una pared «Llegará tu hora, doctor»: el doctor era Bachar al-Asad, que, como sabemos, es oftalmólogo. Detenido por la policía, Hamza fue torturado salvajemente y devuelto a su familia con el rostro amoratado, el cuerpo quemado, el cuello roto, el sexo cercenado. Es la manera como Gultaslar nos recuerda que el origen de lo que se juzga en el V13 es la barbarie del régimen sirio, y que lo que impulsó a alistarse en el Estado Islámico a tantos jóvenes musulmanes como su cliente no es necesariamente la crueldad ni el fanatismo, sino una legítima indignación política. La causa de los atentados, dijo, no es la religión, sino la guerra. Francia está involucrada en Siria y a eso se llama estar en guerra, y los crímenes cometidos en París por los yihadistas no deberían competer al derecho antiterrorista nacional, sino al derecho internacional de los conflictos armados. Habría, pues, que recalificarlos como crímenes de guerra. ¿Existe la menor posibilidad de que, a ocho días de la sentencia, se examine esta recalificación eventual? ¿Arreglaría la situación de Sofien Ayari, ya mal encaminada? Me extrañaría, pero hemos asistido a una impresionante lección jurídica, de geopolítica y de malabarismo oratorio. Al final de la vista circulaban rumores sobre este Gultaslar al que muy pocos conocían antes de que tomase la palabra. Habría formado parte de un comité de apoyo belga a Oussama Attar antes de que este se convirtiera en el jefe de las operaciones exteriores del Estado Islámico: eso es cierto, y acentúa su faceta Vergès. Antes de ser abogado, Gultaslar era un lanzador de cuchillos que actuaba en ferias. Eso me lo contó Georges Salines, y comprendí que me había tomado el pelo cuando me atreví a preguntárselo al propio interesado. Con una cordialidad jocosa me respondió que no, y que tampoco había exhibido osos en ferias de Bután. Y que no era Keyser Söze.[1] Aun así, es de esas personas sobre las que pueden plantearse esta clase de preguntas, y cuando, después de la audiencia, hizo su entrada en la *brasserie* Les Deux Palais, todos le aplaudieron.

Sideral

Como yo no estaba aquel día, no sé si aplaudieron a Orly Rezlan en Les Deux Palais, pero se lo merecía. Es una de las abogadas de Mohamed Bakkali y debo confesar que me resultaba antipática. Voz desagradable, tono agrio: en su alegato no ha intentado seducirnos más que en sus otras intervenciones a lo largo de la audiencia. Pero, a medida que hablaba, su austeridad, la fuerza de su convicción, su cólera monocorde, hiriente, han ido aumentando sin levantar la voz hasta alcanzar una cualidad tan realmente hipnótica que Soren Seelow, el especialista de terrorismo de *Le Monde*, se ha aventurado a emplear el adjetivo *sideral*, y era apropiado.

1. En la película *Sospechosos habituales* (1995), de Bryan Singer, Keyser Söze es un villano envuelto en un aura mitológica, y al que prácticamente nadie ha visto. (*N. del T.*)

El alegato de Orly Rezlan era sideral. Y también impecable; y al igual que el de Gultaslar aportaba algo nuevo, algo que no habíamos oído y que evidentemente no era una excusa, sino un elemento explicativo. Gultaslar ha insistido en la indignación política, Rezlan en la mala conciencia que acompaña a cualquier práctica religiosa constante. ¿Somos buenos musulmanes? ¿Hemos apoyado suficientemente a los hermanos en la congoja? Cuando otros sufren y combaten, ¿no es vergonzoso estar escondido? Esos cuestionamientos no son ignominiosos, pero Rezlan no se ha detenido ahí. En lugar de citar a Camus, como se ha hecho hasta el empalago, ha ido a buscar una referencia esclarecedora en la *Historia de un alemán*, de Sebastian Haffner, uno de los grandes libros sobre el ascenso del nazismo; léanlo, recomiéndenlo. Haffner era un joven jurista, qué casualidad, que contó e intentó comprender por qué tantos jóvenes de su edad, que no eran psicópatas y ni siquiera extremistas, se dejaron arrastrar por la maquinaria del odio. Dice que para muchos de ellos el resorte fue la camaradería. Compartes un ideal, comulgas con la indignación, adherirse a los valores del grupo es mostrar que eres buena persona. Es delicado sostener que se puede participar en atentados o en un genocidio porque tienes buen corazón, pero sí es sostenible que lo haces porque eres un buen camarada.

La auténtica cadena perpetua

Para acabar intervinieron Martin Vettes y Olivia Ronen, los dos jóvenes abogados de Abdeslam. Máxima afluencia. Su exposición fue buena, muy buena, y la de Ronen, en su último cuarto de hora, realmente inspirada. Sus alegatos han sido largos, valientes, pero el verdadero combate de ambos, el que tiene posibilidad de prosperar, es contra la cadena perpetua irreductible que pide la fiscalía. Una leyenda afirma que Robert Badinter arrancó la abolición de la pena de muerte a cambio de la instauración de esta perpetua «auténtica»: entras y ya no sales nunca. No es verdad, Badinter siempre rechazó la sustitución de un suplicio por otro. Y si esa pena máxima se ha dictado cuatro veces desde 1994, fue contra sádicos o grandes pervertidos de una peligrosidad extrema, como el asesino en serie Michel Fourniret. Abdeslam merece una condena severa, nadie dice lo contrario, pero Abdeslam no es Fourniret. No es tampoco Abdelhamid Abaaoud ni Oussama Attar. Condenarlo a cadena perpetua, que es una pena aterradora, sería, en nombre de la ejemplaridad, vulnerar la proporcionalidad de las penas, gracias a lo cual Ronen ha concluido: «Si secundan a la fiscalía, habrá ganado el terrorismo».

Dos reparos

No me gustó este final. Oponerse a los fiscales es la función de la defensa. Ronen la asume con vehemencia, muy bien. Pero de cabo a rabo su alegato ha sido, más que mordaz, insultante, y me ha parecido una lástima. Se pueden considerar excesivamente severas las peticiones de penas del trío Hennetier-Braconnay-Le Bris. Yo también espero que no prospere en lo relativo a la cadena perpetua «auténtica». Pero no se puede decir que hayan sido mediocres, demagogos, y aún menos la palabra que Ronen ha pronunciado: innobles. No, la verdad. Al contrario, el alto nivel de la acusación ha sido uno de los logros del V13. Y, ya que pongo reparos, pondré otro. Las últimas palabras del presidente han sido para advertirnos de que la sentencia, prevista para el miércoles 29 de junio a partir de las 17 horas, se emitirá sin duda a altas horas de la noche. «Sé muy bien», ha añadido, «que esa espera será penosa para las partes civiles y que no facilitará la tarea de los medios de comunicación, pero no tenemos elección.» Muy bien, asimismo. Lo que me parece una lástima es haber olvidado que esa espera será también penosa para los acusados.

En la sala de las subastas judiciales

La sentencia se anuncia para las 17 horas, nadie duda de que será más tarde, algunos creen que a altas horas de la noche. Más gente aún que el primer día, más gendarmes, más bullicio. No queremos alejarnos, damos vueltas, circulan chocolatinas y rumores. Como el primer día, en la sala solo hay un puesto para cada medio de comunicación, esta vez Mathieu ocupa el de *L'Obs*. Violette y yo nos aseguramos, en la sala de retransmisión de las subastas judiciales, ella la esquina de un banco, yo un trozo de escalón en medio de doscientos periodistas llegados de todo el mundo y a los que en su mayoría no hemos visto nunca. El tribunal hace su entrada a las 20.30, temíamos algo peor. El presidente anuncia que la sentencia completa contiene 120 páginas, estará disponible a alguna hora de la noche, ahora solo leerá un resumen. «¿Nadie se opone?» Se ríe de su broma, se le nota hipertenso, todo el mundo lo está. Allá vamos. Excepto en lo relativo al acusado Farid Kharkhach, los jueces responden que sí a todas las cuestiones expuestas por los fiscales. Exceptuando al acusado Kharkhach, todos son declarados culpables de todos los delitos por los que comparecen aquí.

Kharkhach es ese personaje lunático que confeccionó papeles falsos sin saber en absoluto ni para quién ni para qué, y que cuando sus hijos van a verlo en el locutorio les hace creer que es un carcelero. Nos alegramos por él, pero, si es el único absuelto, significa que a todos los demás los han condenado. Es lo que comprenden los tres acusados menores, Chouaa, Attou y Oulkadi, que a lo largo de todo el juicio han comparecido libres en sus asientos plegables delante del banquillo y que hunden la cabeza entre las manos y empiezan a sollozar. Entre los pies tienen bolsas de mudanza con sus pertenencias por si acaso al final de la audiencia los enviaran derechos a la cárcel y, si bien todavía no es seguro, porque la cuantía de las penas se enunciará después de su calificación, es lo que parece que va a suceder. Recuerdo las últimas palabras de Chouaa, la antevíspera: «Tengo miedo, tengo muchísimo miedo de que cometan un error». Son las dos grandes incertidumbres de la sentencia: la suerte de los «segundones» (¿quedarán en libertad?) y la del pez más gordo, Abdeslam: ¿le impondrán la famosa, y para muchos chocante, cadena perpetua irreductible que ha exigido la fiscalía? Cuando llegamos a él en la lectura de las penas, tampoco queda muy claro, pues después de pronunciada la palabra *perpetua*, que no sorprende a nadie, el presidente añade que no podrán aplicarle ninguna de las medidas previstas por el artículo 132-23 del Código Penal. Se comprende que no es una buena noticia para Abdeslam, él mismo parece desconcertado, interroga con la mirada a sus abogados, que no las tienen todas consigo, pero el presidente no ha pronunciado la palabra *irreductible* y la pregunta recorre los bancos: «¿Qué ha dicho? ¿Qué dice el artículo 132-23?». Los periodistas llegados de todo el mundo tienen que enviar o grabar o tuitear sus notas dentro de media hora: se lo ponen difícil. El presidente prosigue su lectura. Este hombre, habitualmente plácido, se atasca con las palabras, se le traba la lengua, los lapsus se agolpan y el más espectacular es llamar Mohamed Henri a Mohamed Amri, lo cual para un magistrado de su edad no es un desliz nimio cuando recordamos que el asesino de un niño al que Badinter consiguió salvar de la guillotina, al mismo tiempo que lograba la abolición de la pena de muerte, se llamaba Patrick Henry. Y justo después de eso, Mohamed Henri, de repente la imagen se inmoviliza en la pantalla. El presidente se queda boquiabierto, ya no hay sonido, la retransmisión se ha interrumpido. Error informático.

El general tartamudo

Un error informático a los dos tercios de la sentencia, en medio de la lectura de las penas, en el momento más dramático del juicio. No es posible. Nos quedamos en suspenso a la espera de que vuelva la imagen. No vuelve. No sabemos qué hacer. Unos se quedan petrificados, otros salen al vestíbulo. Yo salgo. Nos amontonamos delante de la sala de audiencia. Descartado entrar, por supuesto, está abarrotada. Pero, balbucimos, ¿van a suspender la audiencia mientras solucionan el problema? No, dice Julien Quéré, de quien enseguida voy a hablar. El juicio continúa. Consternación general. La comparto hasta que la memoria me recuerda la historia siguiente. En 1849 Dostoievski tiene veintiocho años, lo han detenido por haber participado en una conspiración terrorista y lo condenan a muerte. Lo han conducido, junto con los demás conjurados, al lugar de la ejecución. Les ponen una capucha, los atan a los postes mientras el pelotón carga los fusiles. Un instante antes de que ordenen disparar llega un emisario del zar y les notifica el indulto. Un indulto relativo: Dostoievski cumplió cuatro años de trabajos forzados en Siberia, de donde regresará convertido en el hombre que describirá más tarde, en *Los demonios*, el hervidero de cucarachas alucinadas que es una célula terrorista. El detalle sublime, el que no se cansan de mencionar los biógrafos, es que, por azar o por puro sadismo, el emisario encargado de leer la carta del indulto era un general *tartamudo*. Imagino lo que sucedió al minuto siguiente de interrumpirse la retransmisión en la sala de subastas judiciales. Avisaron al presidente y él tuvo que decidir en el acto: o suspender la audiencia hasta que se reparase la avería, porque no se les podía hacer eso a los doscientos periodistas llegados del mundo entero, o, puesto que ya había comenzado la lectura, seguir hasta el final porque no se les podía hacer eso a los acusados. En mi crónica anterior deploré que el presidente, debido a las largas deliberaciones, se preocupase por todo el mundo, salvo por estos últimos. Rectificó de un modo brillante. Dijo: continuamos. Se negó a ser el general tartamudo.

(Llegado a este punto: dicen que un psicoanálisis se desarrolla plenamente en la primera sesión; ocurre lo mismo en la primera vista de un juicio penal. Interrogatorio de estado civil. Abdeslam, ¿profesión? «Combatiente del Estado Islámico.» Périès consulta sus notas y dice: «Yo aquí veo: trabajador eventual». Esta réplica convertida en legendaria no podía ser premeditada, el presidente la enunció sin *añadidura* de humor ni de sarcasmo. Estableció su autoridad para todo el juicio. De la sesión 1 a la 149: sirva de homenaje a Périès.)

En lo alto de la escalera

Ahora estamos en lo alto de la escalera del palacio de justicia, y Marie Dosé refunfuña. Junto con Judith Lévy, Marie es la abogada de Ali Oulkadi y las dos tienen motivos para estar contentas porque Ali Oulkadi y los otros dos van a quedar finalmente en libertad. Hace falta más para contentar a Marie Dosé, que es una abogada apasionada, testaruda, cascarrabias; yo la adoro. Esta sentencia, dice, es una chapuza. Lo es desde el punto de vista jurídico. Ellas han pedido la absolución de Oulkadi. Lo han declarado culpable de todo, de asociación terrorista de malhechores, de encubridor de terroristas, de cosas extremadamente graves por las que lo condenan ¿a qué? A dos años de prisión firme que ya ha cumplido, es decir, lo que le cae a un ladrón cuando lo llevan de inmediato ante el juez por el robo por tirón de un bolso. ¿Qué quiere decir eso? Quiere decir que sabemos muy bien que no hay nada terrible que reprocharle a Oulkadi, pero que, en lugar de absolverlo o de endosarle dos años por un simple encubrimiento, lo cual sería la pura verdad, quieren, para sentar jurisprudencia, que nada escape a la ATM, la famosa asociación terrorista de malhechores que ya era, encarece Judith Lévy, un delito-cubo de basura, pero que se está transformando en delito-vertedero. El pleno sentido de la sentencia, me explican ellas (me gusta que Marie Dosé y Judith Lévy me expliquen las cosas, lo han hecho a menudo durante el juicio), es evitar el recurso. Sobre todo evitar que recurran. *A priori* no van a hacerlo en el caso de Oulkadi. La decisión es aberrante, conservará toda su vida la etiqueta de terrorista pegada en la frente, pero queda en libertad y eso es lo esencial. Lo mismo ocurre con Chouaa y Attou. En general, han condenado a todos los encausados a *un poco menos* de lo que solicitaba la fiscalía –el mensaje subliminal es: pueden darse con un canto en los dientes, y si recurren tengan la seguridad de que agravarán la pena– para concentrarlo todo sobre Abdeslam, el terrorista absoluto, definitivo y terminal, en chirona hasta que le sobrevenga la muerte, así todo el mundo estará contento. Bueno, todo el mundo: la opinión pública, a la que se transmite el mensaje de que en materia de terrorismo somos y siempre seremos implacables. Desde luego, no todo el mundo entre mis compañeros del juicio, incluidas las partes civiles, a las que en su mayoría incomoda esta sentencia dictada cuatro veces en un cuarto de siglo. Por dos razones, una de sentido común, la otra de derecho. La primera: si en vez de muertos estuvieran ahora en el banquillo, a los nueve asesinos del comando los habrían condenado, merecidamente, a la cadena perpetua irreductible. ¿Y a Abdeslam, entonces? ¿A qué lo habrían condenado a él, el segundón acojonado? No a la misma pena, con toda seguridad. Como no hemos pillado a los verdaderos criminales, él paga por ellos. Y ahora la razón de derecho: la sentencia se basa en una retorcida construcción jurídica. (Chiste que circulaba en tiempos de Mitterrand: el presidente tiene dos abogados, Robert Badinter para el derecho, Roland Dumas para el torcido.) Legalmente, a Abdeslam se le puede sumar todo aquello de lo que se ha reconocido culpable, pero eso no permite condenarlo a esta pena, lo máximo de lo máximo. Desde cualquier punto de vista que se adopte, la cuenta no cuadra. Lo que ayudaría para que cuadrase sería que hubiese disparado contra los policías en el Bataclan. Pues bien, no solo no disparó contra nadie, sino que no estaba en el Bataclan. Eso no cambia nada, dice la fiscalía, vamos a considerar el conjunto de las escenas del atentado como una sola escena. *No* haber disparado en un café del distrito XVIII equivale a haber disparado en una sala de conciertos del XI. Eso se llama «intercambiabilidad» de los escenarios, es la trasposición territorial del proverbio «si no eres tú, entonces ha sido tu hermano», que es el gran argumento de la ATM y que, no obstante mi gran aprecio por los fiscales, me deja perplejo. No solo a mí, sino a muchos de mis camaradas, pero sinceramente no se puede decir que esa perplejidad nos obsesione esta noche. No es esta noche cuando van a lanzar el *hashtag* *#jesuissalah* (yo soy Salah). Una media hora después de la sentencia, que cabe discutir pero no es escandalosa, hemos cambiado de tercio. Estamos en lo alto de la escalera donde hemos pasado tantas horas hablando, fumando, llorando en las suspensiones de audiencia. En el bulevar, abajo, hay treinta camiones de CRS (Compagnies Républicaines de Sécurité, policía antidisturbios). Se irán dentro de unas horas y l'île de la Cité, que ha estado bloqueada casi un año, se podrá atravesar libremente. No sé cuántas veces durante este año me han dicho mis amigos: «Nos tienes hasta los cojones con ese juicio tuyo que bloquea el tráfico». *Mi* juicio, sí. Todos nos percatamos esta noche, incluso quienes como yo hemos sido meros observadores, de que ha sido *nuestro* juicio y de que ha terminado.

Bajamos los peldaños

Bajo los peldaños con Aurélie, que perdió a su marido, Mathieu, en el Bataclan. No he hablado de ella en estas crónicas, es la ley de las comunidades efímeras, hay personas de las que solamente al final te haces amigo. Me cuenta: el 14 de noviembre de 2015, su hermana apagó el televisor y dijo: «Ahora ya no ves nada, no escuchas nada y no te ocupas de eso, te concentras en tu vida». El hermoso libro que ha escrito Aurélie, *Nos 14 novembre* (Nuestros 14 de noviembre),[1] habla de Mathieu, de los hijos de ambos, del duelo, de la intimidad, de la vida, pero no de *eso*. Se niega a que *eso* la invada. Ni hablar de asistir al juicio, y aún menos de declarar. El 8 de septiembre de 2021, un amigo del Bataclan insiste en que lo acompañe: es un momento histórico, al menos ven a ver. Ella va arrastrando los pies, resuelta a detenerse en la place Dauphine, antes del primer control policial. Ahora que está en la zona tiene la tentación de entrar, lo cual es

1. Aurélie Silvestre, *Nos 14 novembre*, París, JC Lattès, 2016.

obviamente imposible porque no tiene ni acreditación ni credencial, ni siquiera un documento de identidad. Aparece un tipo delgado y nervioso al que su amigo y ella le exponen el problema y él ordena a los gendarmes que la dejen pasar, y al día siguiente le dan una credencial, un distintivo. El hombre delgado y nervioso se llama Julien Quéré, es el magistrado que ha sido el responsable de toda la organización del juicio y es importante escribir su nombre porque casi todo el mundo tiene una historia parecida y Julien resuelve con un tacto y una eficacia sobrenaturales las situaciones más enmarañadas. Era el jefe de esta organización, todos sus subordinados se le asemejaban y creo que nadie, nadie entre las partes civiles, pero en general entre las personas que han seguido el juicio desde el puesto que fuera, se ha sentido tratado como alguien insignificante. Pascale Robert-Diard, de *Le Monde*, la heroína en la vida real de todos los cronistas judiciales, ha escrito un artículo que ha suscitado bastante revuelo por decir que estaba bien que se tuviesen atenciones con las víctimas, pero que eran un poco exageradas, que las hacían vivir entre algodones. Es la clase de actitud con la que espontáneamente estoy de acuerdo, pero en realidad esos algodones han sido valiosos, a todo el mundo le ha gustado que lo trataran así. Todos lo han agradecido. Todo el mundo dice: es increíble hasta qué punto todo *ha salido bien*. Aurélie ya está en la sala. Descubre la gran caja. El banquillo de los acusados está muy lejos, a la izquierda. No quiere verlos a ellos, pero alrededor de ella descubre a los supervivientes, a los que llevan luto, a sus semejantes, cuya vida se ha visto partida en dos. Unos días más tarde, el presidente evoca a fantasmas, los nombres de los 130 muertos resuenan en el silencio que los abarca a todos, y ella siente en su cuerpo, como una ola, la dimensión colectiva de lo que sucede allí, una historia más grande que ella y en la que comprende que va a participar. Al principio viene de vez en cuando y luego cada vez con más frecuencia. Al principio se sienta en los bancos del fondo y después se acerca. Al principio no mira hacia la izquierda, hacia el banquillo, y luego empieza a mirar hacia allí, la zona peligrosa que emite radiaciones. Es una frontera para las víctimas que vienen a testificar en el estrado: algunas, en un momento dado, se vuelven hacia la izquierda, los miran, se dirigen a ellos; y otras no lo harían por nada del mundo. Llega el día de su propio testimonio, que conmociona. Lo reproducen titulares de periódicos: «Me he convertido en una atleta del duelo». Empieza a ir a Les Deux Palais. Conoce a otras personas. La secuencia de los investigadores belgas, al comienzo del invierno, es realmente la marea baja del V13, nos aburrimos como hongos, pero a ella no la desanima. Georges Salines, que no teme a las palabras, habla directamente de adicción. Todas las personas a las que he interrogado dicen lo mismo. Las han enganchado, era fascinante incluso cuando era aburrido, en cuanto subes a bordo nadie se apea en marcha. Mi experiencia personal tiene menos peso, pero al principio yo también me decía: veremos. En principio cubro todo el juicio, pero, si al cabo de tres meses estoy harto, les diré a mis amigos de *L'Obs* que me retiro, será una pequeña decepción para ellos y para mí, pero no será un drama. Nunca, ni una sola vez he pensado en desistir. Nunca he tenido ganas de salir de la sala. Yo sabía, sabíamos, que estábamos viviendo juntos algo completamente distinto de un asunto edificante para la historia, el faraónico e inútil *happening* judicial que al comienzo teníamos buenos motivos para temer. Completamente distinto: una experiencia única de espanto, de piedad, de proximidad, de presencia. Tardé en darme cuenta de que la sala del juicio se parece a una iglesia moderna y de que en ella se ha celebrado algo sagrado. Aurélie: «Nos han dado un lugar y tiempo, todo el tiempo que hacía falta para hacer algo con el dolor. Para transformarlo, metabolizarlo.

Y ha funcionado. Ha sucedido. Zarpamos, hemos hecho esta larga larga travesía y ahora el barco entra en el puerto. Desembarcamos».

Salimos a beber algo.

En Les Deux Palais

Perdón si esto parece frívolo, no lo es. La velada siguiente ha sido la más extraordinaria que he vivido y que probablemente viviré en toda mi vida. Todos los presentes dirán lo mismo. En pequeños grupos bajamos la escalera y acudimos a Les Deux Palais, esa *brasserie* balzaquiana, mágica, en la que se reúnen a cualquier hora, desde hace generaciones, con un frufrú de togas negras y muchas veces una estela de tragedia, jueces, abogados, periodistas, imputados y también parejas que acaban de divorciarse y toman juntos un café desmañado y triste antes de emprender cada uno su nueva vida. Como el control policial todavía se ejerce durante unas horas, hay que mostrar el distintivo para acceder a esta esquinita de l'île de la Cité que, de hecho, está privatizada. Solo estamos nosotros en Les Deux Palais, los que hemos pasado tantas horas en sus bancos oscuros, delante de sus mesas de madera barnizada, esta comunidad nuestra que esta noche se separa. Estamos todos aquí, y entre nosotros un buen tercio de partes civiles, suficientes para que los demás, los que no han sufrido, los que como yo están al otro lado de la barrera, puedan decirse que el extraño alborozo de esta velada no es algo indecente. ¿O sí? ¿Es indecente que los tres cerditos, Flautista, Violinista y Práctico,[1] los tres se-

1. Referencia al cortometraje de Disney basado en el cuento tradicional *Los tres cerditos*. Se les suele llamar Flautista, Violinista y Práctico

gundones que por los pelos se han librado de una buena, pero que de todos modos han desempeñado su papel al servicio de la muerte, estén allí, atónitos, y que los felicitemos, los besemos y nos hagamos selfis con ellos? Planteada la pregunta, las respuestas varían. Una chica gravemente discapacitada porque tuvo la mala idea de celebrar su cumpleaños en La Belle Équipe se marcha con su compañero, hasta tal punto les ha parecido obsceno este espectáculo. «Me han dado más besos hoy que el día de mi boda», dice Ali Oulkadi. A sus dos amigos les han prohibido residir en territorio francés durante diez años, pero bueno, diremos que los diez años empiezan mañana, esta noche hasta los fiscales observan, enternecidos, su alegría ante su creciente club de fans. Ahora los tres fiscales, tan distantes y casi intimidatorios en las audiencias, y que no iban nunca a las suspensiones, parecen amigos con los que te tomas unas copas y haces senderismo, una de las aficiones de Nicolas Braconnay, al que uno ya no imagina con una toga negra, sino con un forro polar Quechua. Camille Hennetier lleva un vestido de verano y Olivia Ronen, que ha defendido a Abdeslam junto con Martin Vettes, y que tiene un aire tan juvenil, de estudiante, me dice: «Le tenía harto, ¿no? No sé cuántas veces ha escrito usted que yo le fastidiaba». Le respondo con franqueza, todo el mundo esta noche es sincero: «Sí, me fastidiaban su agresividad y sus Salah por aquí, Salah por allá, pero la he admirado. Martin y usted han luchado como leones. Pienso que la sentencia estaba dictada de antemano. No podían hacer nada. Y al final de su alegato usted, Olivia, caminaba sobre las aguas, era hermoso».

---

en versiones hispanas. En la francesa se les conoce como Nif-Nif, Naf-Naf y Nouf-Nouf. (*N. del T.*)

Estamos aquí, estamos juntos, comentamos la sentencia, nos abrazamos y cuando prometemos no perdernos de vista sé que en muchos casos será verdad. Lo que hemos vivido juntos ha sido demasiado intenso, incomunicable, no lo sabrá nadie que no estuviera aquí. Salvo los que se han instalado en una mesa con su cuadrilla, muchos como yo van de grupo en grupo. Te cruzas una y otra vez con los que hacen lo mismo. Esta noche me he cruzado una decena de veces con Yann, con el que Nadia y yo fuimos a explorar el matorral conspiratorio, y por un momento me he acordado de su testimonio, el otoño pasado. Cuando le alcanzaron las balas experimentó una sensación de aislamiento muy profundo. Todo se volvió oscuro. Su cabeza se sumergió en un ensueño sereno, entumecido, del que lo arrancaron los gritos de su amiga Gaëlle. Comprendió que ella podía morir, que aquello era real. Reptaron juntos hacia la cocina del Petit Cambodge, donde se reencontraron los tres –también estaba el hermano de Yann– y donde había un teléfono adosado a la pared que no paraba de sonar, y Yann empezó a responder. Primero a alguien que quería *–bún bò* para llevar y al que le dijo que en aquel momento no era posible, y luego a gente aterrorizada que quería saber qué pasaba, y él, aturdido, repetía esta frase absurda: todo va bien, nos han disparado, pero todo va muy bien. Los heridos gemían, los servicios de emergencia transportaban cuerpos y Yann, que es fotógrafo, sentía una especie de flashes: veía individualmente a cada uno de aquellos muertos, de aquellos heridos, de aquellos vivos a los que no conocía, los veía en su propio dolor particular e infinito, y la historia personal de cada uno, el dolor de cada uno, el alma de cada uno reventaba ante sus ojos como burbujas de silencio y de luz, a cámara lenta. «Sí», dice Yann cuando le recuerdo aquel momento que tanto me impresionó de su testimonio, «sí, el juicio ha vuelto. Han vuelto los flashes, he vuelto a sentir la sensación física de que todos los demás estaban a mi alrededor y yo tenía acceso a todos ellos. Mi fantasía, al principio, era conocer exhaustivamente todo lo que había sucedido en mi lugar del atentado. Luego el perímetro se amplió. Sigo siendo uno de los del Petit Cambodge, pero poco a poco he ido conociendo a los de las demás terrazas, los del Bataclan, los del Stade de France y hasta los de la rue du Corbillon, y también quisiera saberlo todo de ellos.» Las últimas palabras de Yann en el estrado: «Les agradezco este juicio. Les agradezco que entren en los detalles». Es cierto, hemos entrado en los detalles, y recuerdo otra cosa que pensé el otoño pasado y fue para mí también una especie de flash. Pensé que la ambición del V13 era insensata, desmesurada, novelesca: hemos desplegado a lo largo de nueve meses, desde todos los ángulos, todos los puntos de vista, remontándonos lo más lejos posible, lo que aconteció durante aquellas horas de horror. Hemos procurado leer el libro entero. Yann y yo continuamos nuestro recorrido, cada uno por su cuenta, pero seguros de que volveremos a cruzarnos esta noche. «¿No te vas todavía?» «No, no me voy.» En el V13 no hacía falta quedar con las personas que te apetecía ver. Decíamos: «Hasta mañana». Me entristece pensar en todas esas personas de las que ya no voy a despedirme hasta mañana. Alrededor de media hora después, vuelvo a cruzarme con Yann y me dice: «Todo esto de aquí, ahora mismo, ¿no te parece una alucinación?».

«Ha estado bien»

Nos apiñamos en el mostrador, ya no pedimos vasos, sino botellas. Los abogados de las partes civiles encargan champán para los abogados defensores. Yo no he bebido una gota de alcohol desde hace cuatro años, pero esta noche estoy borracho, todos lo estamos. Pegado a la barra, me inclino para oír lo que me dice un amigo periodista: «¿Vas a hacer Niza?». Pregunta recurrente en la prensa judicial: el juicio por la terrible matanza perpetrada con un camión de carga el 14 de julio de 2016 en el paseo de los Ingleses de Niza va a comenzar en septiembre, en la misma sala. Le respondo que no, desde luego que no: si no es tu oficio, un año siguiendo un juicio a terroristas es suficiente para toda una vida. «Tienes razón, además va a ser horrible. Los hechos son incluso peores –las familias, los niños aplastados en sus cochecitos...–, y por el lado de las partes civiles no es el perfil demográfico de las terrazas o del Bataclan. No será el espíritu de *Vous n'aurez pas ma haine*. Pero de todas formas van a juzgarlo allí arriba, en la sala... ¿No vas a sentir una punzadita de nostalgia? ¿No va a tentarte venir una o dos veces? ¿Pedir una acreditación de visitante?» Nos reímos, pero tiene razón: cuando ya has visto lo que ocurre ahí dentro, en la sala, ¿cómo no verte tentado de volver a entrar si la puerta se entreabre de nuevo? Salgo a codazos a la terraza donde dos chicas borrachas ligan con los guardaespaldas impasibles de los fiscales. Un tipo al que no reconozco, no ha debido de venir a menudo, me dice: «¿No es curioso que todo esto termine en una terraza?». Asiento con la cabeza, sí, es curioso. «¡Las terrazas han ganado!», berrea el tío. Me alejo y me topo con Aurélie, que lleva una botella y vasos a su mesa. Le digo lo que nos decimos todos: «Así que se acabó». «Sí», contesta ella, «se acabó...» Una pausa y después: «Ha estado bien. Ahora puedo volver a casa».

Allahu akbar[1]

En 2018 Nadia volvió a El Cairo, su ciudad natal. Fue en 2014 la última vez que estuvo allí con Lamia. Habían pasado un momento apacible en el parque Al-Azhar, cerca de la mezquita conocida en todo el mundo por ser el corazón del islam sunita. Se ponía el sol, se alzaban los llamamientos a la oración en la ciudad inmensa, hormigueante, la ciudad de ciudades que las dos amaban. Escuchaban las respuestas al *Allahu Akbar* en el cielo dorado. Se sentían en paz. Cuatro años más tarde Nadia permaneció sola un largo rato en el lugar en que habían estado juntas un largo rato. Escuchó los *Allahu Akbar* que se elevaban de la ciudad inmensa, hormigueante, y que se respondían en el cielo dorado. Un policía se le acercó para decirle que el parque iba a cerrar. Solo quedaba ella, tenía que marcharse. Nadia quería quedarse un poco más. El policía insistía, pero en lugar de obedecerle ella empezó a contarle en árabe lo que había sucedido. Las palabras le brotaban de un modo natural, sosegado, y a medida que hablaba comprendía que contar aquello en árabe a un policía egipcio desconocido era esencial, que era lo más importante que podía hacer. Él lo comprendió también. Al final del relato le dijo a Nadia: tu hija y los demás son *shadid*, mártires, y oír de la boca de aquel policía que los mártires eran ellos, no los asesinos que se atribuían esa dignidad en su manipulada y crasa ignorancia, era como si el mundo volviera a estar en su sitio.

1. Alá es el más grande. (*N. del T.*)

AGRADECIMIENTOS

Estas crónicas fueron publicadas por *L'Obs* y reproducidas por *La Reppublica* en Italia, *El País* en España y *Le Temps* en Suiza. Las he retocado un poco. Sobre todo he incluido pasajes que no habían encontrado su sitio en mis 7.800 caracteres semanales. Por eso el libro es un tercio más largo que lo que se publicó en el semanario.

Agradezco a Cécile Prieur, directora de redacción, que aceptara esta colaboración, y a Grégoire Leménager que fuera un redactor jefe ideal. En el posfacio que generosamente ha escrito para este libro dice que he sido un colaborador perfecto: en todo caso, nos hemos entendido a la perfección. Gracias también a Violette Lazard y a Mathieu Delahousse, mis compañeros de equipo de *L'Obs*, por haber evitado que yo escribiera bastantes tonterías.

Un juicio de larga duración es asimismo un gremio. Cada uno se crea un círculo informal de periodistas con quienes se conversa en las suspensiones de la audiencia y a veces va después a beber algo. Cito aquí a algunos a los que agradezco que hayan sido mis camaradas: Helena Christidis, Jean-Marc Delas, Arthur Dénouveaux, Marie Dosé, Stéphane Durand-Souffland, Pascale Égré, David Fritz Goettinger, Camille Gardesse, Frédérique Giffard, Negar Haeri, Camille Hennetier, Judith Lévy, Delphine Meillet, Xavier Nogueras, Vincent Nouzille, Charlotte Piret, Julien Quéré, Hélène Quiniou, Jean Reinhart, Yann Revol, Pascale Robert-Diard, Georges Salines, Henri Seckel, Soren Seelow, Aurélie Silvestre, Mathieu Suc, Isabelle Sulpicy, Sylvie Topaloff.

Nadia Mondeguer.

POSFACIO: UN PERIODISTA

Las crónicas reunidas aquí no salen de la nada. Tienen una historia, e incluso una prehistoria, que quizá sea necesario resumir para que se comprenda un poco lo que significa, visto desde bastidores, un periodista como Emmanuel Carrère. Es alguien que conoce el oficio. Solo en *Le Nouvel Observateur* había publicado en 1996 dos artículos sobre el «caso Romand» que le servirían de trampolín para escribir *El adversario*; más tarde, en marzo de 2012, un gran reportaje en Rusia que se leía como una formidable posdata a su *Limónov.* Tres textos vinieron a alimentar, en 2016, con muchos otros de formatos diversos, un «tocho» apasionante cuyo título está extraído de un antiguo refrán chino: *Conviene tener un sitio adonde ir.*

Era, por tanto, motivo de alegría que, a finales del otoño de 2020, poco después de la publicación de *Yoga*, que parecía dejarlo ocioso, cuando no vagamente desamparado, Emmanuel Carrère enviase unas líneas a Jérôme Garcin, que dirige las páginas culturales de *L'Obs*:

> Querido Jérôme:
>
> Espero que esté tan bien como es posible en este momento, es decir, que usted y los suyos, al menos, gocen de buena salud.

Estas líneas son para decirle que en este momento tengo ganas de hacer reportajes. La primera vez que le dije esto fue en 1990, y de ahí salió una serie de crónicas judiciales para *L'Événement du jeudi*, más adelante seguí para *L'Obs* el juicio de Romand, en suma, hay una vieja y fructífera relación entre nosotros. Nos conocemos, usted conoce la clase de cosas con las que me encuentro a gusto: no artículos de opinión, sino sobre el terreno, lo que puede ser un caso criminal o podría haber sido el Alto Karabaj. ¿Quisiera usted guardar esto en un rincón de su memoria? ¿Transmitir el mensaje a los servicios de sociedad o extranjero de *L'Obs*?

Saludos cordiales

Jérôme Garcin transmitió el mensaje. Con el pequeño equipo que acababa de tomar las riendas de la redacción, bajo la dirección de Cécile Prieur y de su otro adjunto, Clément Lacombe, nos entrevistamos con Carrère y repasamos diferentes temas que pudieran interesarle. El asunto se puso en marcha enseguida. Él fue a encerrarse unos diez días a donde a nadie le parece conveniente ir, porque nadie habla ni procura oír hablar de esa clase de sitio: una unidad de paidopsiquiatría, en el hospital La Pitié-Salpêtrière. Salió de allí en Navidad con «Les enfants de la Pitié», un relato devastador de diez páginas sobre una cruda realidad ignorada, que nos enorgulleció publicar en enero de 2021.

El propio Emmanuel Carrère parecía orgulloso de esa inmersión entre adolescentes destrozados en la época de la covid. Así que en *L'Obs* buscamos otra idea que proponerle: cubrir íntegramente el juicio histórico de los terribles atentados del 13 de noviembre, cuyo comienzo estaba previsto para septiembre. Por supuesto, contando con Violette Lazard, Mathieu Delahousse y Vincent Monnier, en nuestro semanario no faltaban los excelentes especialistas en el V13. Pero para aportar una mirada un poco diferente sobre ese magno acontecimiento, que se anunciaba extremadamente mediatizado, todo en la trayectoria de Carrère indicaba que su colaboración completaría bien nuestro equipo. Había escrito en *El adversario* la historia de un asesino poco común que ya practica una especie de *taqiyya* ocultando a sus familiares una parte considerable de su vida. Había sabido evocar el dolor del duelo en *De vidas ajenas.* Había examinado en *El Reino* algunos resortes de la radicalización religiosa. Acababa de adaptar libremente para el cine *El muelle de Ouistreham*, de Florence Aubenas, que también narra, si lo pensamos bien, una historia de *taqiyya.*

Sí, cuanto más hablábamos, más convencidos estábamos de que, por si acaso, habría que hablarle a Carrère de ese juicio gigantesco. (Preciso «por si acaso» porque, a decir verdad, no estábamos muy seguros de que alguien como él, que dedica la mayor parte de su tiempo a escribir libros y a viajar, si es que no está ocupado rodando una película, tuviera la abnegación necesaria para pasar meses enteros sentado en un asiento incómodo, en un tribunal superprotegido, escuchando audiencias tan extenuantes como inacabables.) El único problema era que para proponérselo habríamos necesitado tener noticias suyas. Algunos mensajes amistosos, redactados de manera que equivalía a pedírselas, no obtuvieron respuesta. Emmanuel Carrère había desaparecido cortésmente del mapa.

Reapareció el 11 de mayo de 2021 bajo la forma de un SMS a la vez muy directo y bastante enigmático que, ahora me percato, es muy propio de él: «Grégoire, quisiera decirte algo. ¿Un café entre vecinos? Emmanuel». No somos exactamente vecinos, pero da igual. Mi respuesta le proponía varias fechas. La suya no tardó en llegar: «Muy bien, mañana por la tarde. A la hora que te vaya bien. ¿Vienes a mi casa?». Al entrar en su casa comprendí enseguida que no la habitaría mucho más tiempo. Era un piso vacío, amueblado exclusivamente con pilas de cajas de cartón que debían salir de la vivienda el fin de semana siguiente. Yo también estaba en plena mudanza, lo cual nos brindó un tema de conversación mundana durante unos cuatro minutos. No debió de esperar mucho más para ir al grano: se le había metido en la cabeza seguir «el juicio del 13 de noviembre», veía en él la materia de un futuro libro, deseaba entretanto contarlo en forma de crónicas semanales en una revista. Su proyecto no estaba aún más estructurado. Básicamente producía el efecto de un pianista que, para preparar un concierto monumental, quiere imponerse una disciplina, un marco dentro del cual ensayar sus escalas, de una forma periódica y con independencia de sus estados de ánimo. Pero en lo inmediato sabía muy bien lo que quería: asistir al tribunal todos los días como quien va «a la oficina». Me marché al cabo de media hora.

¿Había dado ideas a Emmanuel Carrère el modo en que Yannick Haenel acababa de cubrir para *Charlie Hebdo* el juicio dedicado a los atentados de enero de 2015? En todo caso, la cuestión del marco y la regularidad parecía esencial para él: ante todo, lo que solicitaba era que se le garantizase un hueco fijo en la revista, siempre de la misma extensión, fuera el que fuese el interés de los debates, fuera cual fuera su actualidad. Rápidamente llegamos a un acuerdo sobre la longitud del texto: 7.800 caracteres que entregar, como tarde, cada lunes por la mañana. Esta extensión se alargó a veces hasta los 8.000 y hasta los 8.300,[1] que nuestros maquetadores siempre consiguieron encajar en la doble página que les estaba reservada, pero los textos nunca tuve que esperarlos.

1. Para dar una idea de lo que representa, este posfacio contiene 8.017 caracteres.

Trabajar con un periodista como Carrère es trabajar con un periodista perfecto, que tiene a gala entregar cada semana un texto impecable, perfectamente puntual, sin la menor falta de sintaxis ni el menor problema de legibilidad. Un periodista que, por añadidura, responde de inmediato cuando tenemos un título o, cosa que a veces sucede, a pesar de todo, un retoque microscópico que sugerirle. (Estas cualidades pueden parecer elementales, hasta mediocres; sin embargo, a todos los redactores jefe del mundo les gustaría, de vez en cuando, que fuesen más frecuentes en la profesión.)

Y he aquí cómo, todos los días, con sus compañeros de *L'Obs*, una resistencia de maratoniano y una gruesa libreta roja en la que, a veces, garabateaba de repente algo durante la audiencia, este periodista fue a confinarse en el corazón de París, con un cordón anaranjado alrededor del cuello, en una caja grande de madera blanca en la que ha pasado diez meses en un asiento incómodo. Y así, cada semana, desde el 2 de septiembre de 2021 hasta el 7 de julio de 2022, ha detallado para los lectores de *L'Obs* la sucia historia, llena de sangre y lágrimas, de ese maldito 13 de noviembre de 2015. Y así, durante casi un año, cada uno de mis fines de semana ha terminado con un ritual que ya añoro: la relectura, con lupa, de los aproximadamente 8.000 caracteres que me enviaba Emmanuel Carrère.

GRÉGOIRE LEMÉNAGER,
director adjunto de la redacción de
L'Obs

ÍNDICE

LAS VÍCTIMAS

LOS ACUSADOS

Impreso en Talleres Gráficos
LIBERDÚPLEX, S. L. U.,
ctra. BV 2249, km 7,4 - Polígono Torrentfondo
08791 Sant Llorenç d'Hortons